はじめに

橘屋（たちばなや）の長男として出雲崎町（いずもざきまち）の名主になる立場にありながら、生家を飛び出し出家して仏門に入った良寛（りょうかん）は、寺にも住まず、住職にもならず、托鉢（たくはつ）で日々の糧（かて）を得て暮らしました。国上山（くがみやま）の簡素な草庵に独りで住み、清貧の生活を送りました。

托鉢に出れば、子供たちとまりつきやかくれんぼをして遊びました。多くの友人と和歌を唱和したり、草庵で漢詩を詠んだり、美しい書を書いたりしました。

良寛の仏教者としての生き方は独自のものですが、根底には愛の心がありました。虐（しいた）げられた農民に寄り添って生きた良寛は、人間だけでなく、植物や虫など生きとし生けるものすべての命を尊んだのです。まさに「愛の人」でした。

良寛にはほのぼのとしたエピソード（逸話（いつわ））がたくさんあります。しかし、その生涯は厳しい修行を貫き、妥協することなく、真の仏道を目指して、理想を追い求めたものでした。

[illegible]本は愛の心で生きた良寛のエピソードだけでなく、厳しい生き方も知ることで、良寛の本当の姿[illegible]てもらいたいとの思いから書いたものです。

特に本書では、**「なぜ良寛は生家橘屋から家出したのか」「なぜ良寛は名主の長男なのに出家したのか」「なぜ寺の住職にならず托鉢僧として生きたのか」「なぜ禅僧なのに南無阿弥陀仏（なむあみだぶつ）の歌を詠んだのか」**[illegible]の良寛の生き方の謎の解明に挑（いど）んでいます。

目次

イラスト 村田 芳郎
表紙写真 赤塚 一
本文中の写真は著者撮影

本覚院の童地蔵

第一章　愛の人　良寛

小さな命への慈愛の心

良寛の慈愛に満ちたやさしい心は、人間はもちろん動物や虫、植物といった小さな命までも大切にしました。そんな歌があります。

我宿（わがやど）の　草木にかくる　蜘蛛（くも）の糸　払わんとして　かつはやめける

かつは…すぐに

良寛が晩年お世話になった木村家の娘「かの」が嫁ぐにあたって、嫁の心得を書いてほしいと頼まれて良寛が書いた戒語（かいご）の中に、次の一条があります。

「上をうやまい　下をあはれみ　しょう(生)あるものとりけだものにいたるまで　情けをかくべき事」

雨に濡（ぬ）れている松の木を人に見立てて詠った和歌があります。

岩室（いわむろ）の　田中に立てる　一つ松の木　今日（きょう）見れば　時雨（しぐれ）の雨に　濡（ぬ）れつつ立てり

エピソード　**蚊帳（かや）から片足を出して寝た良寛さん**

国上山でも夏になると蚊（か）がたくさん出てきます。蚊に全身を喰われるととても寝ていられないので、良寛さんは五合庵（ごごうあん）の隣の宝珠院から、蚊帳（かや）を借りて吊（つ）っていました。身体（からだ）を蚊帳（かや）の中にすべて入れてしまうと、蚊も生きて行けないだろうと気の毒に思った良寛さんは、毎晩片足だけを蚊帳（かや）から出して寝たそうです。

エピソード

野原をぴょんぴょん歩く

良寛さんは子供たちを連れて、野原へよく出かけました。野原を歩くとき、ときどき曲がりくねったり、ぴょんと飛んだりしました。

不思議に思って人がたずねると、良寛さんは「咲いている花がかわいそうだから、踏まないようにしていたのです」と言いました。

エピソード

犬にごはん

良寛さんが縁側（えんがわ）で朝食を食べようとしていたところ、お腹をすかした犬がやって来て、物欲しそうにしていました。

良寛さんが茶碗（ちゃわん）に盛ったご飯を与えたところ、喜んで食べてすぐになくなりました。またご飯を茶碗に盛ると、犬がまた良寛さんを見つめて催促（さいそく）します。また犬に与えて、茶碗に盛って、を繰り返すうちに、とうとうご飯はなくなってしまいました。

良寛さんは朝食を食べることができず、そのまま托鉢（たくはつ）に出かけることにしました。犬は良寛さんのお供（とも）をしたといいます。

エピソード　**猫だってたべたいこて**

良寛は出雲崎町の中山の親しかった庄屋佐藤家を時々訪れては、飯びつのご飯を勝手に食べて行きました。

時々蓋をしなかったので家の人が、「良寛さま、ご飯を食べてもよいが、おひつの蓋をしてください。猫が食うとわるいから」と言うと、良寛は「猫だって食べたいこて」と言いました。

良寛に、「他人の家のご飯を勝手にたべる」奇癖があるとの逸話があります。大場南北氏は『良寛ノート』の中で、「良寛禅師が出歩く村の人々は、禅師を一族の一人か、親しい一家の一員と思い込んでおり、留守に庖厨に入り込んだ良寛を闖入者などとは思っていない。家族の誰かが飯を食っているほどにしか考えていない。それほど良寛さまは村人から許されている存在であり、村人の心に深く浸透していたのである」と述べています。

私は、良寛がかつて托鉢に回った知り合いの人の家で、たまたま家人が不在の時の行動であり、その関係を承知していない人が良寛の行動を見たときの話ではないかと思っています。

エピソード

虫の庭の草刈り

あるとき近所の村人たちが、良寛さんの庵(いおり)のまわりの庭は雑草がボウボウに生(お)い繁(しげ)っていたので、親切にも雑草を刈(か)ってやりました。庵に帰ってきた良寛さんは、雑草が刈られてきれいになった庭を見てつぶやいたそうです。「ああ、これで虫たちの住む家がなくなってしまったなあ。」

エピソード

動物に慕(した)われる

良寛が動物を愛しただけでなく、動物たちも良寛を慕(した)ってまとわりついたといいます。

良寛が地蔵堂(じぞうどう)（燕市分水地域）の町へ来ると、何処(どこ)からともなく白い犬が現れ、いかにもうれしそうに尾をふって彼の後になり先になりしてまとわりつき、田んぼの畔(あぜ)ばたで、彼がこの白犬を相手にして楽しそうにして遊んでいることもあって、この辺(あたり)の人たちが「おお、又黒（彼が墨染(すみぞ)めの衣を着ているので）と白が仲よく遊んで御座(ござ)る」と指して云(い)うのが常であったといいます。

また、良寛が托鉢(たくはつ)の途中、木の下に休んでいると、彼の持っている鉢の子に雀が寄り集まって来て、その中の米をついばみ、はては彼の笠の上や肩の上にまでとまったとも伝(い)われています。

エピソード　タケノコ

良寛さんが国上山（くがみやま）の五合庵におられた頃、便所へと続く縁側（えんがわ）の下から、タケノコが生えてきました。

良寛さんはタケノコの頭が縁側の板につかえないように、縁側の板を丸く切り取りました。

さらに、タケノコが伸びてきて、便所の屋根につかえそうになりました。そこで良寛さんはロウソクの炎で屋根に穴をあけようとしました。

しかしながら、屋根だけでなく、便所そのものも燃えてしまったのです。

この逸話のロウソクで屋根に穴をあけようとして、屋根だけでなく便所まで燃えてしまったという部分は、この逸話を記録した解良栄重が幼かったときに、栄重を笑わそうとして良寛が語ったつくりばなしではないかと思われます。

子供の命への慈悲

文化元年（一八〇四）に疱瘡（ほうそう）（天然痘（てんねんとう））が流行し、親友原田有則（ありのり）が二人の幼子（おさなご）を亡くしたのをはじめとして、多くの子供たちが亡くなりました。

翌年、良寛は子を亡くしたすべての親に代わって哀傷（あいしょう）の歌を多く詠みました。

あづさゆみ　春を春とも　思ほえず　過ぎにし子らが　ことを思へば

あずさゆみ…春の枕詞

人の子の　遊ぶを見れば　にはたづみ　流るる涙　とどめかねつも

にはたづみ…流れるの枕詞

病・老・貧者への慈愛の心

良寛に、気の毒な人を救う心を持たねばならないと自らを戒めた次の文があります。

自警文

若し邪見（じゃけん）の人・無義（むぎ）の人・愚痴（ぐち）の人・暗鈍（あんどん）の人・醜陋（しゅうろう）の人・重悪（ちょうあく）の人・長病の人・孤独の人・不遇（ふぐう）の人・六根不具（りっこんふぐ）の人を見る者は、当（まさ）に是（こ）の念を成すべし。何を以（もっ）てか之を救護せんと。従佗（たとい）、救護する能（あた）はずとも、仮にも驕慢（きょうまん）の心・高貴の心・調弄（ちょうろう）の心・軽賤（けいせん）の心・厭悪（えんお）の心を起こす可（べ）からず。急ぎ悲愍（ひびん）の心を生ず可し。若（も）し起こらざる者は、慚愧（ざんき）の心を生じて深く我が身を恨む可し。我は是れ道を去ること太（はなは）だ遠し。所以（ゆえん）の者は何ぞや。先聖に辜負（こふ）する（そむく）が故なり。聊（いささ）か之を以て自ら警（いましめ）むと云ふ。

エピソード

物乞いに自分の着ている衣服を与える

神無月の頃、蓑一つだけ着た人が草庵の門に立って物乞をしたので、良寛は自分が着ていた服を脱いで与えました。その夜に嵐が激しく吹いたので、良寛は次の歌を詠みました。

いづこにか　旅寝しつらむ　ぬば玉の　夜半のあらしの　うたて寒きに

ぬばたま…夜の枕詞　**うたて…ひどく**

エピソード

元旦に来た貧しい親子

元旦に貧しい母子が救いをもとめに国上山の良寛を頼ってやってきました。良寛には母子に差し上げる食べ物もお金も無かったので、牧ケ花の庄屋の解良叔問宛の次の手紙を書いて、母親に渡しました。

「これはあたりの人に候。夫は他国へ穴ほりに行きしが、如何に致し候やら去冬は帰らず、子供を多くもち候。子供また十より下なり。此春は村々を乞食してその日を送り候。何をあたへて渡世のたすけに致さんと思へども、貧窮の僧なれば致し方もなし。何なりとも少々このものに御与へ可被下候。

正月一日　良寛　」

解良叔問は、この母子にお餅を与えたのでしょう。そのことに対する解良叔問への良寛のお礼の手紙が残っています。

良寛は無一物だと誰もが知っているのに、それでも母子をして、良寛を頼って山中の草庵まで雪道を登らせた理由はなんでしょう。良寛こそ、そのままが仏さまだったのです。良寛さまならきっとお救い下さるという思いを抱かせるに足りた良寛こそ真の救済者だったのです。

エピソード　ドロボウに布団

あるとき良寛さんの住む国上山の五合庵にドロボウが忍びこみました。良寛さんの庵（いおり）には何も盗むべき家財がありませんでした。

ドロボウは良寛さんが寝ている布団（ふとん）を盗もうとして、こっそりと引っ張り始めました。

良寛さんは気づかないふりをして、わざと、ドロボウに布団を盗ませるため、寝返りを打って布団から抜け出しました。

ドロボウが布団を持って、出て行った後、窓からは月が夜空に輝いて見えました。

そこで良寛さんは、俳句を一句よみました。

「**盗人（ぬすびと）に　取り残されし　窓の月**」

子供たちと遊ぶ

良寛さまは、嘘偽りのない純真な子供たちをこよなく愛し、よく一緒になって、かくれんぼ・毬つき・おはじきなどで遊んだり、字を教えたりしました。良寛さまの生きた江戸時代は、子供は子供同士で遊び、大人が子供と一緒に遊ぶということは考えられない時代でした。ある人が良寛さんに、なぜ子供と一緒になって遊ぶほど子供が好きなのかと尋ねると、良寛さまは「子供は純真で、うそ偽りがないから」と答えたのです。

良寛さまは厳しい仏道修行を続けるうちに、あらゆる欲望・煩悩を捨て、無欲・無心の境地になりました。求める心・こだわる心・意図的な作為・はからい・分別心さえも捨て去り、人間が生まれながら持っている清浄心、すなわち仏の心のおもむくままに生きるようになったのです。良寛さまの言葉で言えば「騰騰任天真」です。まさに子供の純真な心と同じ心です。同じ心を持った者が一緒に遊ぶのは自然の成り行きでしょう。良寛さまは子供たちと遊んでやっているのではなく、自分がすなわち子供そのものだったので、子供たちと一緒になって遊んだのです。

なお、子供たちと一緒に遊ぶということは、農作業で忙しい親に代わって、子供の面倒を見ていたことにもなります。これは、「利行」といい、菩提薩埵四摂法という菩薩が行う衆生済度の四つの方法の一つで、菩薩行でもあったのです。

また、水害の年になると年貢のお米を納められないため、関東の宿場町などに飯盛り女として売られていく女の子もたくさんいた過酷な時代でした。良寛さまは子供たちと一緒に遊ぶことで、子供たちに楽しい思い出をたくさん作ってやっていたのです。

エピソード

かくれんぼ

あるとき、子供たちと一緒にかくれんぼをしていた良寛さんは、積み重ねたワラの中に隠れました。

すると、子供たちは、良寛さんをそのままにして、みんなで家に帰ってしまいました。

良寛さんは子供たちが黙って帰ったことに、うすうす感づいていたに違いありませんが、気づかないふりをして、そのまま隠れ続けていました。

そうしているうちに、良寛さんはそのまま寝てしまいました。

朝になって、村人が「良寛さま、何をしていなさるんだね」と問いかけると、良寛さんは「しっ、大きな声をだすと、子供たちに見つかってしまうじゃないか」と答えたそうです。

この逸話は、良寛さんの子供好きの性格をあらわしているとともに、子供たちに約束を守ることの大切さを自らの行動で示していたものでもあるかもしれません。

エピソード　一貫二貫

良寛さまは、手まりをついたり、おはじきをしたり、若菜を摘んだりして、里の子供たちと一緒になって遊びました。

良寛さまが地蔵堂の街を通り過ぎようとすると、子供たちが追いかけてきて、「良寛さま一貫」と声をかけると、良寛さまは驚いて体を後ろに反らします。また「二貫」と言えば、さらに体を後ろに反らします。二貫、三貫とその数を増やして言うと、良寛さまはだんだんと後ろに反り返って、倒れそうになります。子供たちはこれを見て喜び笑います。

地蔵堂の大庄屋の富取倉太が、私（解良栄重）が幼年の頃、私の家を訪れました。良寛さまも一緒に泊まっており、富取倉太に言いました。「この里の子供たちはいたずらで困る。こんなことをこれからはやらないようにしてもらいたい。年を取ったので体が難儀でかなわない」

私はこの話を聞いて言いました。「良寛さまはどうしてそんなつらい思いを我慢してその遊びをするのですか。自分からやらなければ良いのではないですか」すると良寛さまは言いました。「してきたことはやめられぬ」

（注）これはある年、競（せ）り売りのようすを良寛さまが立ち寄って見ました。声を高くして、一貫、二貫、三貫とその値を言います。良寛さまはそれに驚いて反（そ）り返りました。それを見ていた子供たちがこの遊びをするようになったといいます。

エピソード　**小川に落ちる**

あるとき良寛さんが、小川の橋を渡ろうとしました。すると子供たちが、「渡ってはだめだ」と言います。

引き返そうとすると、「もどってはだめだ」とまた言います。「じゃあ、どうすればいいのかね」と良寛さんがたずねると、子供たちは「川へ落ちればよい」と言います。

そこで良寛さんは言われたとおり、ドボンと川に飛び落ちました。

はじめ子供たちは、しかられたら悪口をいって逃げていこうと思っていたのでしょう。しかし、良寛さんは子供たちの言うことをみんな受け入れて、とうとう川の中に飛び落ち、冷たい水に入ったままでいました。

子供たちは、良寛さんにひどいことをしたことで、自分たちが親からしかられると思ったことでしょう。良寛さんは、どんな人にでも、無理な要求をするべきではないということを、言葉ではなく、その行いで子供たちに教えていたのです。

子供たちと一緒に遊んだ和歌があります。

霞立つ　永き春日(はるひ)を　子どもらと　手まりつきつつ　この日暮らしつ

この里に　手まりつきつつ　子どもらと　遊ぶ春日(はるひ)は　暮れずともよし

農民に注いだ慈愛の心

良寛は人が人を差別することがもっとも悲しいことであると考えていました。特に江戸時代の徳川幕藩(ばくはん)体制下の武士が農民、町人、非人(ひにん)を差別し、搾取(さくしゅ)していたことに対して強い憤(いきどお)りを感じ、差別されていた貧しい農民に対して深い慈愛(じあい)の心を注ぎ続けました。

托鉢(たくはつ)に出かけると、和顔(わげん)と愛語で子供たちや村人と接し、疲れた農民には按摩(あんま)を、病人には看病をしたりしました。時には親しい農夫と酒を酌み交わしたりしました。

こうして、良寛はたびたび見舞われる水害に苦しむ農民たちに寄り添って生きたのです。慈愛の心で水害に苦しむ衆生(しゅじょう)を済度(さいど)する菩薩行(ぼさつぎょう)の生涯に徹したのです。

良寛に、旱魃(かんばつ)や長雨・洪水などの自然災害や、火災に苦しむ庶民を気遣って心配する歌があります。

我さへも　心にもなし　小山田(をやまだ)の　山田の苗の　しをるる見れば

しをるる…しおれている

あしびきの　山田の小父(をぢ)が　ひめもすに　い行きかへらひ　水運ぶ見ゆ

秋の雨の　日に日に降るに　あしびきの　山田の小父(をぢ)は　奥手(おくて)刈るらむ

ひめもすに…一日中　い行きかへらひ…行ったり来たりして

あしびきの…山の枕詞　小父…老農夫　奥手刈るらむ…晩稲を刈り取っているのだろう

奥手刈る　山田の小父(をぢ)は　いかならむ　ひと日(ひ)も雨の　降らぬ日はなし

遠方(おち)ゆ　しきりに貝の　音すなり　今宵(こよい)の雨に　堰崩(せきく)えなむか

遠方ゆ…遠方から　貝…ホラ貝　堰崩えなむか…堤防が決壊したのだろうか

小夜中(さよなか)に　法螺(ほら)吹く音の　聞こゆるは　遠方里(おちかた)に　火(ほ)やのぼるらし

小夜中…夜中　遠方…遠方の

良寛に差別を憎む歌があります。

如何(いか)なるが　苦しきものと　問うならば　人をへだつる　心とこたへよ

人をへだつる…差別する

良寛に世間の貧しい人々を救いたいという思いを述べた歌があります。

墨染(すみぞ)めの　わが衣手の　ゆたならば　うき世の民に　覆(おほ)はましもの

ゆた…広くゆったりしている

わが袖は　涙に朽(く)ちぬ　小夜更(さよふ)けて　うき世の中の　人を思ふに

朽ちぬ…濡れて弱くなった

世の中の　憂(う)さを思へば　空蝉(うつせみ)の　わが身の上の　憂さはものかは

憂さ…生きていくつらさ　空蝉の…身の枕詞　ものかは…取り立てて言うほどのものではない

憂きことは　なほこの上に　積もれかし　世を捨てし身に　試してや見む

良寛が解良叔問(けらしゅくもん)へ、庄屋の心得を説いて与えた歌があります。

領(し)ろしめす　民があしくば　われからと　身をとがめてよ　民があしくば

領ろしめす…領治する

解良叔問は当時の牧ヶ花村の庄屋を二十余年間務めました。良寛の理解者であり外護者（支援者）でありました。この歌は解良家横巻にありますが、この歌と連記されていた歌が次の歌です。

わが袖は　しとどに濡れぬ　うつせみの　うき世の中（の）　ことを思ふに　うつせみの…うき世の枕詞

良寛は権力に近づくことはなく、武士とはほとんどつき合いませんでした。唯一の例外が三宅相馬です。この人なら領民を慈悲の心で治めてくれるのではないかと期待したのでしょう。三宅相馬が三条の郡吏を去る時、次の二つの歌を送りました。

うちわたす　県司に　もの申す　もとの心を　忘らすなゆめ

うちわたす…衆生を済度する　心…領民を慈しむ心　忘らすなゆめ…決して忘れないでください

幾十許ぞ　珍の御手もて　大御神　握りましけむ　珍の御手もて

幾十許ぞ…どれほどか多く　珍の…尊く立派な　大御神…厳かな神は　握りましけむ…人々を治めただろうか

月のうさぎ

良寛は愛とは自己犠牲を伴う献身的な愛を至高の愛と考えていました。その思いを歌ったものとして、仏教説話を題材にした長歌があります。題は「**月のうさぎをよめる**」です。その話の内容は、「月の神様が地上でサルとウサギとキツネが仲良くしていると聞いて、それを確かめようと、飢えた旅人に姿を変えて地上にやってきました。飢えた旅人のために、サルは木の実を、キツネは魚をとってきましたが、食べ物をとってくることができなかったウサギは、たき火の中に自らの体を投げ入れ、自分の肉を焼いて、旅人に捧げました。それを悲しんだ月の神様はウサギの亡骸を月に連れて行きました」

第二章　少年時代

良寛の生家橘屋と父母

良寛は越後の国（現在の新潟県）の出雲崎町に生まれました。実家の橘屋山本家は由緒のある名家で、廻船業などを家業とし、出雲崎町の名主を代々務めていました。

出雲崎は天領で、佐度からの金銀の積上げ港としても繁栄し、妻入りの街並みが続く北国街道の宿場町でした。松尾芭蕉が「奥の細道」の「荒海や　佐渡によこたふ　天の川」の句を詠んだ場所も出雲崎でした。

一七五〇年、橘屋は男の跡継ぎがいなかったため、新津の桂家の次男十七歳を養子に迎え、新次郎と名のらせました。そしてこの新次郎に嫁いだのが、佐渡の相川にある橘屋の分家の娘　のぶ　十六歳でした。後に良寛の母となります。

一七五一年、桂家の長男が出奔したため、新次郎は桂家に戻り、桂家の当主となりました。のぶは橘屋の血を守るため、養女となって橘屋に残りました。

一七五五年、二十一歳の　のぶ　は後に良寛の父となる以南十九歳と再婚しました。以南と結婚する前に名前を秀と替えました。

宝暦八年（一七五八）以南と秀の長男として栄蔵（のちの良寛の俗名）が生まれました。

良寛の父は与板の割元庄屋（複数の庄屋をとりまとめる大庄屋）である新木家の次男に生まれ、橘屋に聟に入りました。俳句にすぐれ俳人としての名前「以南」で知られていました。

宝暦八年（一七五八）以南二十二歳、秀二十四歳の年に、長男榮蔵（のちの良寛）が生まれました。

橘屋の衰退

元和二年（一六一六）、高田小次郎が初代出雲崎代官として派遣されると、今まで一つの町であった出雲崎町から尼瀬町を分離独立させました。その上で、出雲崎町の名主橘屋とは別に、京屋野口家を尼瀬町の名主としました。このときから京屋と橘屋の対立抗争が始まりました。

橘屋跡地の良寛堂

尼瀬町が分離独立した後、それまで出雲崎側あった代官所は尼瀬側に移転したほか、佐度からの運上金銀を一時保管する御金蔵や、幕府の命令を告知する高札場も、尼瀬側に移転しました。

出雲崎港は岩礁が多くて海底が浅く、大型船の出入りには尼瀬港の方が適していました。このことが、尼瀬町と京屋野口家が発展し、出雲崎町と橘屋山本家が衰退した最大の原因でした。

また、本来身内であるべき町年寄の筆頭格であった敦賀屋鳥井家は京屋野口家の親戚であり、元禄・享保期には大名貸しも行うほどの実力をつけていました。この実力を無視できなくなった名主の以南は、良寛が四歳の年の宝暦十一年（一七六一）九月、石井神社の祭礼の時に、従来、御神輿を町年寄などの家の前に止め、子供狂言をさせる慣例でしたが、その慣例を無視して、町年寄であった敦賀屋の前で子供狂言をする必要はないと主張し、敦賀屋の前を素通りさせました（神輿事件）。面目を潰された敦賀屋は、出雲崎役所に「名主の越権行為」を訴え出ました。橘屋は代官所から行き過ぎがあったとして遠慮（注意処分）を申し付けられました。この事件を契機に敦賀屋は橘屋との反目を強めていきました。文人肌の以南は俳諧では「北越蕉風中興の棟梁」と仰がれるようになりましたが、頑固な性格で政治的な適性には欠けていたようです。

良寛の兄弟

良寛には六人の弟妹がいました。良寛が三歳の年に、長女むらが生まれました。むらは寺泊の外山文左衛門に嫁ぎました。文左衛門は廻船問屋、酒造業を営み、町年寄や大庄屋も務めました。良寛が六歳の年に、次男由之が生まれました。由之は、良寛二十一歳の時、出家した良寛に代わって名主見習役になりました。由之が二十四歳の時、五十歳の父以南が隠居し、名主を嗣ぎました。その四年後に由之と妻やすの間に長男馬之助が誕生しました。

　良寛が十歳の年に、三男の香が生まれました。香は二十六歳の時、京都に上り、文章博士菅原長親卿の勤学館の学生となり、やがて学頭（塾長）となりました。三十歳の時、東福寺で出家しました。ある日のこと、光格天皇が東福寺に行幸になり、天皇の命により香も詩を作りましたが、その詩を御覧になられた天皇はその出来映えにいたく感激されました。早速、香は宮廷の詩会に召され、その後もたびたび出入りするようになったといいます。

良寛が十二歳の年に、次女の たか が生まれました。たか は出雲崎町の町年寄であった高島伊八郎に嫁ぎました。高島伊八郎は由之の右腕になって共に苦労した人物です。

良寛が十三歳の年に、四男（末弟）の宥澄が生まれました。橘屋の菩提寺である真言宗円明院で得度し、修行した後、大和の長谷寺でさらに修行し、碩学の誉れが高かったといいます。**寛政六年（一七九四）**二十五歳で円明院第十世を嗣いで快慶といいました。

良寛が二十歳の年に、三女の みか が生まれました。母秀四十三歳の子でした。みか は二十一歳で、浄土真宗浄玄寺の十九世子観と結婚しましたが、六年後子観が早世したため、寡婦となりました。存命していた十八世覚賢は娘の おきつ に学僧として著名な曽根智現を婿に招いて二十世としました。ところがまもなく おきつ が死去したため、寡婦になっていた みか が智現の後妻に迎えられました。晩年、みかは出家して妙現尼となりました。妙現尼は和歌をよくして、貞心尼と唱和したり、自分の歌集を作ったりしました。

なお、三男香と四男宥澄は、最近まで順番が逆で三男宥澄・四男香という説が通説でしたが、松澤佐五重氏によって、誤りであると指摘されました。松澤氏は寛政七年（一七九五）に作られた香の漢詩に「二十九年の身」とあることから、この年に香は二十九歳であり、逆算すると香の生年は明和四年（一七六七）となり、明和七年（一七七〇）生まれの宥澄の兄であると指摘されました。冨澤信明氏もその他の資料などからも三男が香で四男が宥澄であることを、「香は末弟ではない」（『轉萬理』第六十二号　平成十八年）の中で詳しく述べています。

少年時代の良寛

明治時代に書かれた西郡久吾の『北越偉人　沙門良寛全伝』には、「性魯直沈黙、恬澹寡慾、人事を懶しとし唯読書に耽る、衣襟を正して人に対する能わず、人称して名主の昼行灯息子といふ、父母是を憂う。」という記述があります。当時の出雲崎の人々に語り継がれて伝わっていた話のようです。この話の中の、「性魯直沈黙」の部分からは、うすのろな風貌と緩慢な動作で無口だったことを彷彿とさせます。「恬澹寡慾」の部分からは、あっさりとしていて、ものごとにこだわらない性格だったことを思わせます。「人事を懶しとし」の部分からは、他人とのスムーズなコミュニケーションが図れず、人づきあいが苦手であったことを思わせます。「唯読書に耽る」の部分からは、読書という特定の興味に熱中する傾向を示していることを思わせます。「衣襟を正して人に対する能わず」の部分からは、不器用で衣服をうまく着こなすことができなかったこと、形式的な挨拶などの対人的儀礼が苦手であったことを思わせます。「人称して名主の昼行灯息子といふ」の部分では、昼行灯とは照明器具である行灯は昼間は役に立たないことから、役に立たない人間のたとえであり、少年時代の良寛は、のろまで俊敏さに欠け、とても名主は務まりそうもないと、人々から思われていたことをうかがわせます。

しかしながら一方で、良寛は非常に記憶力がよく、読書好きで、勉強熱心でした。

エピソード　**灯籠（とうろう）の下で読書**

栄蔵（良寛の幼名）が論語（ろんご）に夢中になっていた十三・十四歳頃でしょうか。いつも本ばかり読んでいる栄蔵を心配した母が、気分転換にと、祭りの日に、「たまには祭りの踊りの輪に加わったらどうですか」と勧めました。栄蔵は家から出かけて行ったので、母は栄蔵は祭りの踊りに行ったものと思っていました。

しかし、日が暮れると、庭の灯籠（とうろう）の前に人のいる気配がしました。さてはドロボウかと母は思い、薙刀（なぎなた）を持って庭に出て、「そこにいるのは誰ですか」と問うと、栄蔵がいて「母上お許し下さい、栄蔵です。」との声がしたといいます。栄蔵は灯籠の灯りをたよりに論語を一生けんめい読んでいたのです。

エピソード　**十三経（きょう）をすらすら読んだ良寛**

まだ良寛が光照寺の寺子屋に通っていた頃でしょうか。親に難しい書物を読みたいとあまりにも欲しがるので、しぶしぶ父が橘屋の蔵書にある十三経（論語・孟子・詩経・春秋左氏伝など中国の古典）を与えたところ、良寛がすらすら読むので親が驚いたといいます。どういうことかと親が問うと、良寛は、昨夜枕元に白髪の翁が現れて良寛を諭したのですと答えました。

この話は、良寛が読書好きで、勉強熱心で、記憶力が良かったことを示す逸話です。翁が現れたという話は良寛の作り話かもしれません。良寛は書物など何もない五合庵に住んでいても、記憶していた中国や日本の古典を引用した詩歌をたくさん作っています。

父以南と良寛

父以南は名主の跡取り息子であった栄蔵（良寛）にはいつも厳しく、時には強く叱ることもあったのではないでしょうか。そんな厳格で神経質な父を、栄蔵は親しみを感じることができないどころか、怖れていたのではないでしょうか。

エピソード　**カレイの話**

栄蔵（良寛）が八・九歳の頃でしょうか、論語を夜遅くまで詠んでいたのか、翌朝、寝坊しました。朝寝坊した良寛は父に叱られました。そのとき栄蔵は、上目で父を見上げてしまったのです。その栄蔵に父は言いました「親を上目でにらむ者はカレイになるのだ」と。栄蔵はこれを聞いて家を飛び出しました。

そして、外出したまま日暮れになっても家に帰ってきませんでした。心配した母が栄蔵をあちこち探しました。海浜のとある岩の上に、しょんぼりと座（すわ）っている栄蔵を見つけました。「こんなところで何をしているんですか」と母がたずねると、栄蔵は答えました「私はまだカレイになっていませんか」と。栄蔵は母と一緒に家に帰りました。

このカレイの話は、父親からカレイになると言われ、それを信じて、カレイに変身したら、海に飛び込もうと海辺の岩にすわっていたという、栄蔵の純真さ（あるいは愚かさ）が語られた逸話です。

しかし、いかに栄蔵が純真であっても、カレイに変身するなどあり得ない話だと分かっていたはずです。栄蔵は、どうして父（以南）は、人間が鰈（カレイ）になるという、ありえない話、見え透いた「うそ」を私にするのだろうかという疑問を持ったに違いありません。そして、父が自分に「うそ」をいったことが悲しくなるとともに、父の神経質な怒声（どせい）に恐怖を感じ、父は自分に愛情を感じていない、自分は父に疎まれているという思いで、いたたまれなくなって、浜辺に行ったのではないでしょうか。浜辺の岩に朝から夕方まで、涙を流してすわっていた良寛は、母に何をしているのかと聞かれ、「私はまだカレイになっていませんか」と答えたのは、涙を流してすわっていたことへの照れ隠しだったのではないでしょうか。

エピソード　**ハリコロバシの話**

解良栄重の書いた『良寛禅師奇話』の中に次の話があります。幼い栄重が三角ダルマのハリコロバシ（起きあがり小法師）を持っていました。栄重が良寛に「私のために菅原道真公の像を描け、もし描かないと、このハリコロバシが化けて夜良寛様のもとにいくよ。」と言ったところ、良寛はこれを見て恐れていたようでした。そこで良寛から菅原道真公の尊号と神詠を書いてもらったということです。

このハリコロバシの話で良寛がハリコロバシを見て恐れたのは、一般的には、幼い栄重を喜ばせようとして、わざと大袈裟に恐れたふりをしたと解釈されています。

しかし、私は、良寛はハリコロバシを見て、本当に恐怖を感じたのではなかったかと思っています。実はハリコロバシは父以南がいつも持っていた愛玩具だったのです。良寛はハリコロバシを見て、子供の頃、良寛が恐れていた父以南を連想したに違いなく、それが化けて出ると聞いて、父以南が化けて出ると一瞬錯覚し、恐怖に陥ったのではないでしょうか。

なお、父以南はなぜ、ハリコロバシを愛玩していたのでしょうか。おそらく、失敗して転んでも、またすぐに立ち上がるハリコロバシにあやかりたいと思っていたのでしょう。

大森子陽の学塾・三峰館

良寛は少年時代、地蔵堂（現燕市分水地域）にあった大森子陽の学塾・三峰館で学びました。良寛より二十歳年上の子陽は寺泊（現長岡市寺泊地域）の当新田に生まれました。子陽は幼少時、白根（現新潟市南区）茨曽根の曹洞宗永安寺の大舟和尚から詩文などの古文辞学を学びました。その後、子陽は江戸遊学の夢が果たせないまま、**明和元年（一七六四）**、地蔵堂に学塾・三峰館を開きました。

学塾が開かれてすぐに、七歳頃の榮蔵（良寛の幼名）は三峰館に入塾しました。出雲崎から地蔵堂までは二十キロ以上もあったので、榮蔵は父以南の実家新木家の親戚であった地蔵堂の中村家（当時の当主は久右衛門）に寄宿して通いました。まだ七歳と幼かった榮蔵は、論語などの素読を行っていたものと思われます。

明和三年（一七六六）春、二十九歳の子陽は三峰館を閉塾し、老父を同伴して江戸に遊学しました。父以南は嫡子榮蔵の成長を楽しみにしていただけに、三峰館の閉塾は残念であったことでしょう。江戸に出た子陽が学んだ瀧鶴台の師は服部南郭であり、服部南郭の師は古文辞学派の荻生です。古文辞学は人間性を画一的に捉える朱子学を批判し、人間の個性を肯定的に捉えようとする学派であり、論語や盛唐の詩などの古典を直接学ぶべきという主張でした。服部南郭は特に詩文を重視し、そこに人間性の解放を求めました。

また、子陽は、後に米沢藩主上杉鷹山の師となった折衷学派の細井平

中村家

洲などの会読にも列しました。折衷学派とは、朱子学、古学、陽明学などの長所を取り入れた学派で、経世済民を目指し、実践を重んじた学派です。後に良寛と交友した亀田鵬斎も折衷学派でした。

子陽は長州の藩儒であった滝鶴台、米沢の藩儒であった細井平洲らに学び、儒学の実力をつけ、のちに北越四大儒の一人といわれたほどでした。

光照寺の寺子屋時代

明和三年（一七六六）九歳の榮蔵（良寛の幼名）は、三峰館が閉塾したため、地蔵堂の中村家から出雲崎の生家橘屋に戻り、親戚の蘭谷万秀が住職であった尼瀬の光照寺（曹洞宗）の寺子屋に通うようになりました。榮蔵は手習いだけでなく、生家橘屋の膨大な蔵書なども読むようになっていたことでしょう。また。光照寺の万秀和尚からは、坐禅の修行とはどのようなものかなど、仏教の教えの初歩の手ほどきを受けた可能性もあります。この時代に、榮蔵の中に、坐禅修行への憧れ、仏教への関心が芽生えていったのではないでしょうか。

再開した三峰館での青年時代

江戸で学んだ子陽は、師の瀧鶴台が長州に帰国したため、仕官の志を遂げられなくなり、途中で帰国させた老父を扶養するため、**明和七年（一七七〇）三十三歳**の年に帰国し、三峰館を再開しました。翌年に再入学した十四歳の榮蔵は熱心に学び、塾でも富取之則などと並ぶ秀才だったことでしょう。

文孝という良寛の名前は、榮蔵の元服後の名前ではないかと言われていましたが、あるいは、創作に励んだ漢詩の詩会などの際に用いた雅号であったかもしれません。

後年、優れた漢詩をたくさん作った良寛は、このころに漢詩文の基礎を徹底的にたたき込まれ、『文選』『唐詩選』などの中国の漢詩の古典はほぼ暗記していたのではないでしょうか。

三峰館で榮蔵とともに学んだ学友には、富取之則、三輪左一、原田鵲斎、解良叔問、橘彦山、笹川久助介などがいます。読書家の文孝（良寛）は学友達と充実した楽しい青春の日々を過ごしていました。一方、文孝（良寛）が寄宿していた中村家の久右衛門、旧左衛門兄弟や、富取家の長兵衛、之則の兄弟たちが、出雲崎の名主の御曹司である文孝をさそって、町に繰り出し、妓楼などに通うようになったのか、文孝には女遊びの逸話もあります。

榮蔵は三峰館で主に論語などの儒学や漢詩文を学んでいたと思われます。特に子陽から教えを受けた古文辞学は、その後の良寛の人生に強い影響を与えたようです。

榮蔵の師大森子陽は若い時に白根の茨曽根にある曹洞宗永安寺の大舟和尚に学びました。そうしたことから、坐禅修行も多少は経験し、仏教についても基礎的な知識は持っていたのではないでしょうか。場合によると出家した後、還俗した可能性もあるかもしれません。

そして、子陽が江戸で学んだ師の瀧鶴台は仏教や道教（老荘の学）にも精通していました。子陽はさらに荻生徂徠の弟子で「老荘の学」の権威宇佐見灊水にも学んでいます。したがって、大森子陽は儒学・漢詩文や仏教だけでなく、老子・荘子にも精通してはずです。

そうしたことから、文孝（良寛）は師の大森子陽から、儒学や漢詩文だけでなく、仏教や荘子も学んだのではないでしょうか。といっても、三峰館の正規の授業科目としてではなく、夜間などに近所に寄宿していた文孝に対して、文孝の関心・興味に応じて個別に指導していたのでしょう。

文孝は、若き博学の情熱家大森子陽の薫陶（くんとう）を受け、漢詩漢文の知識や儒学を教え込まれたほか、荘子の思想を十分に学ぶとともに、仏教についても学び、後年の深く幅広い学識の基盤を形成しました。

さらには、学問とともに行動も重要という考えを持っていた子陽から、経世済民（けいせいさいみん）の思想も受け継ぎ、衆生済度（しゅじょうさいど）を目指す慈愛の心や、人間性を尊重し差別を憎む平等の思想を育んだのです。

名主の見習

安永三年（一七七四）十七歳の頃、文孝（良寛）はまだ大森子陽の学塾三峰館に通っていました。儒学や漢詩文をはじめ、仏教や老荘の教えなど、まだまだ子陽先生から学びたいことがたくさんあったに違いありません。そして何よりも富取之則などの学友とともに、漢詩の詩会に参加したり、切磋琢磨（せっさたくま）して学び、楽しく充実した学塾生活を謳歌（おうか）していました。

ある日、文孝は三峰館を退塾するのです。おそらく父以南の意向であったでしょう。父以南は、文孝を名主見習役に就かせて、自分は一刻も早く俳諧（はいかい）に専念したいという願望を抱いていたのでしょう。

文孝は自分の意に反して塾を退塾させられ、名主の仕事を覚えるために橘屋で父の仕事を手伝うようになりました。学ぶことは好きでしたが、名主の仕事を覚えることには気が進まなかったのではないでしょうか。栄蔵はこの志望と現実のギャップに悩んだに違いなく、そのストレスや父以南との軋轢（あつれき）のストレスを発散するために、酒色に溺れた放蕩（ほうとう）の経験があったのではないかと思われます。良寛には馴染（なじ）みの遊女がいたとの口碑もあります。

妻帯

父以南は、三峰館を退塾させ、名主の仕事を覚えさせていた榮蔵（良寛）を、翌年の**安永四年（一七七五）十八歳**の年に、代官所の許しを得て名主見習役にするつもりだったのでしょう。見習役とはいえ事実上名主の職務を代わって行うことになるわけであり、身を固めていない独り者では世間にしめしがつきません。そのため、その前に榮蔵に妻帯させる必要がありました。当時十代の結婚は普通であり、決して早すぎることはありませんでした。

また、栄蔵の年々激しくなる女遊びが修まらなければ、名主の橘屋としては、体面上（たいめんじょう）都合が悪く、女遊びをやめさせるためにも早く妻帯させる必要がありました。

榮蔵（良寛）に妻帯させる必要があるとはいっても、それなりに家格のつりあう家から嫁をもらうための準備などもあり、実際に妻帯したのは**安永三年（一七七四）榮蔵十七歳の年の秋以降**ではなかったでしょうか。安永三年の秋以降に結婚したと考える理由は、なによりも、榮蔵の結婚生活は半年ほどしか続かなかったと言われていることです。**安永四年（一七七五）の七月十八日**には榮蔵は橘屋を出奔（しゅっぽん）して家を飛び出しており、その時点までには離縁していたことになります。

榮蔵の妻は白根茨曽根（いばらそね）の大庄屋関根五左衛門（ござえもん）家の分家である関根小左衛門（こざえもん）家の娘といわれています。関根小左衛門家の菩提寺（ぼだいじ）満徳寺の前寺である浄現寺の過去帳の寛政十二年（一八〇〇）の部に、小五郎姉娘（長女）が、天保元年（一八三〇）に八十歳で死んだ關根小左衛門（父）と過去帳に出ている人物の妹らしいことが分かりました。この小五郎姉娘こそ、榮蔵の妻と思われるといいます。

また、榮蔵の妻と思われる女性の戒名が、山本家の『橘屋過去帳』の「九日」の欄に「釋尼妙歓　寛政十二年十月」として出ています。

さらに、冨澤信明氏は「良寛の出家前妻帯の口碑は事実だった」(『良寛だより』第百十三号平成十八年七月)の中で、次のように述べています。

「釋尼妙歓と小五郎姉娘が同一人物とは断定できないが、山本家家譜に、橘屋過去帳に出ていた「釋尼妙歓」が、良寛の妻として書かれていたという事実を発見したので、小五郎姉娘が釋尼妙歓である可能性は高いが、たとえ一致しなかったとしても、山本家の家譜により、良寛妻帯の事実に変わりがない」

良寛が妻帯していたという事実はあまり知られていませんが、冨澤氏によって明かとなりました。

名主見習役

榮蔵は白根茨曽根の関根小左衛門家の娘を娶り妻帯した後、名主見習役に就任しました。時期は代官所の承諾を得るための手続きもあり、**安永四年(一七七五)榮蔵十八歳の春頃**でなかったでしょうか。

名主見習役に就任してから、榮蔵はさまざまなトラブルを引き起こしました。名主として必要な調整力や政治力はあまりなく、自分の理想とかけはなれた現実の名主の職務に対する適性がないことを自覚していたのかもしれません。

エピソード　**代官と漁民との不和に油を注ぐ**

榮蔵は十八歳の時、名主見習役になったが、あるとき出雲崎代官と漁民との間にトラブルが起こりその確執が解けませんでした。名主は両者を調停する立場にあったので、榮蔵は仲裁しようとして、代官に対しては漁民の悪口・罵詈雑言をそのままに上申し、漁民に向かっては代官の怒り罵る言葉を飾りなく伝えました。その結果、両者の怨恨は深まるばかりでした。

代官は榮蔵の愚直な行動を叱責しました。榮蔵は言いました「人は正直に生きなければならないと学びました。この教えを破って生きることは幸い免れました。今の世は乱れ、うそ・偽りがまかり通っています。そんな世間とは決別しなければなりません」そうして榮蔵は出家しました。

妻との離別

榮蔵が結婚した頃、父以南は、逼迫する橘屋の財政事情にもかかわらず、名主としての体面にこだわり、相変わらず文人墨客と交わるなど、以前と変わらぬ豪勢な暮らしぶりでした。

そこで、以南は榮蔵が結婚してまもなく、榮蔵の妻の実家である茨曽根の関根小左衛門家から借金をしたのではないでしょうか。だが、返済期限になってもなかなか返さなかったものと思われます。実際に金がなかったのか、返すつもりがなかったのかはわかりません。

以南から榮蔵（良寛）の妻の実家に、余りにも頻繁に借金の依頼があったのか、あるいはまた、金を用立てて欲しいと以南が妻の実家に依頼したことについて、以南は結婚の持参金のつもりで返却不要と考えていたが、妻の実家では単なる借金と考えたというようなくい違いがあったのか、いずれにせよ、茨曽根の関根小左衛門家から、借りた金をこれ以上返さないならば、榮蔵の妻を引き戻すとの最後通牒（つうちょう）を橘屋は突きつけられたのではないかと思われます。

榮蔵は父以南と妻との板挟（いたばさ）みにあい、苦悩したに違いありません。親戚（しんせき）に寄宿してまで三峰館に通わせてもらった父に対して金の話は持ち出せなかったのでしょう。

結局、榮蔵は借金が返せなかったために、妻が実家に引き戻されたというような橘屋にとって不名誉なことを避けるためにも、自らが身を引いて離縁せざるをえなかったのではないでしょうか。

一方の関根家では、榮蔵に見捨てられたというような話では世間体（せけんてい）も悪く、橘屋山本家からの借財をおそれて、関根家の方から嫁を先に引き取ったということにしたのでしょう。

借金の返済の期限が何時（いつ）であったのか、榮蔵が離縁状を書いて妻に渡した離縁の日が何時であったかは不明です。離縁状を渡したのは、七月十七日に榮蔵が橘屋を出奔したまさにその日であったかもしれません。

ようやく仲睦まじく暮らし始めた新妻に対して、榮蔵は離縁状を悲痛な思いで渡したのでしょう。おそらく妻は涙を流しながら茫然（ぼうぜん）と立ちつくしていたのではないでしょうか。離縁状を渡したときの妻の姿、涙を流して立っていた姿は、榮蔵の脳裏に焼き付き、決して忘れることができないものになったのではないでしょうか。

結婚してから半年後に新妻と別れなければならなかった栄蔵（良寛）の悲しみを、一番理解し同情したのは母の秀（ひで）でした。結婚したばかりの夫婦が家の都合で離婚させられるという悲劇は、自分もその体験者であったのだから。

七夕参賀事件

三峰館で文孝（良寛）の先輩であった富取長兵衛は町年寄の敦賀屋に婿に入りました。**安永四年（一七七五）**、町年寄に就任したばかりの若き敦賀屋長兵衛が七夕の挨拶に代官を訪れた際の振る舞いについて、以南は難癖をつけました。

七月十一日になって名主の以南は、呼びつけた敦賀屋の長兵衛に対して、十八歳の榮蔵の目の前で、七日の七夕の日にまだ正式に町年寄になったわけでもないのに帯刀して代官所に参上し、表玄関から入って祝賀を述べたことを、出過ぎた振る舞いであると強く非難し、以後の代官所への出入り禁止を命じました。この七月十一日は以南の祖父である橘良胤と自分の実父新木富竹の命日でもありました。

早くも町年寄らしく堂々と振る舞う長兵衛に対して、昼行灯のように頼りない榮蔵にいらだちを覚え、名主の権威とはどのようなものかを榮蔵に見せつけようとしたのかもしれません。榮蔵は三峰館の先輩長兵衛と父以南の板挟みになって、ずいぶんとつらく苦しい思いをしたことでしょう。

この事件の結末も以南の主張は認められずに終わっています。そして榮蔵の父以南への失望・反感は決定的となりました。

出奔

この七夕参賀事件が引き金となって、父への不満が爆発し、榮蔵は橘屋を突然出奔しました。

妻を引き戻す期日の直前だったせいなのか、**安永四年（一七七五）七月十六日の夜**、盆踊りの後、ついに榮蔵は友人を連れて、青楼に登り、翌日の未明まで居続け、一晩にして百金を使い果たしたとの言い伝えがあります。

そして、**翌十七日の朝**、そのことを知った父以南は激怒し、榮蔵を激しく叱責して勘当を言い渡したのではないでしょうか。その後すぐに、榮蔵は名主見習役の職すなわち家督は次男の由之に譲る旨の手紙を書き置き、家を飛び出しました。出奔したのです。榮蔵十八歳の夏でした。

もしかしたら、悲しみの涙を浮かべて茫然と立ちつくす新妻に、最後の別れの言葉を告げて離縁状を渡したのもこのときであったかもしれません。

十八日の朝になって、榮蔵が家を出たことを知った以南は、榮蔵を捜し出して橘屋に戻るよう説得するためか、代官所に五六日の他出願いを出した記録が残っています。

榮蔵を名主見習役にして代替わりをスムースに行うために心を砕いていた父以南にとって、橘屋を継ぐべき総領息子の出奔が、どれだけ衝撃的な出来事だったかは想像にかたくありません。

出奔の理由

榮蔵は父以南との間にさまざまな確執があり、父への不満を募らせ、その不満が七夕参賀事件を契機に爆発して、生家橘屋を衝動的に出奔したのではないでしょうか。

出奔の理由はいくつか考えられます。

学問が大好きだった榮蔵は、地蔵堂にある大森子陽の三峰館で充実した楽しい青春時代を過ごしていたところ、父以南が自分が隠居して、榮蔵に名主を嗣がせるために、榮蔵を名主見習役にしようと、出雲崎に引き戻されました。榮蔵はまだまだ三峰館で学び続けたいとの思いが強かったことでしょう。

良寛が大森子陽から学んだ儒学は荻生徂徠の古文辞学でした。古文辞学とは論語などの古代儒教の経典を正確にしかも深く理解することを目指す学問で、良寛の生涯に多大な影響を与えました。古文辞学で重視する礼と正しい行いからみて、家計が苦しいにもかかわらず、文人墨客と交わり、俳諧三昧に生き、名主の体面を重んじて敦賀屋長兵衛を叱責するような以南の生き方は、良寛の目指すところではありませんでした。いくら父以南に、家計の苦しさや、名主のあるべき姿についての良寛の考えを話しても、父以南は聞き入れてくれなかったのでしょう。良寛が家督を譲り受けても、以南が隠居しているうちは、橘屋の家風を質素にすることはかなわないと考えたのでしょう。

また、家業や出雲崎の頽勢を挽回するためには、金がすべてという方法に頼らざるを得ず、古文辞学の理想、利益本位の投機的な商業中心の経済より堅実な農業中心の経済を重視する理想とは矛盾するうえ、伝統に縛られ、自分も権力の側に立って町民に権力への服従を強いる名主の職務を、自分の生きる道に選ぶことができませんでした。このことも出奔の一因だと思われます。

そして、なによりも榮蔵にとって、結婚したばかりのようやく仲睦まじくなった妻と、父によって離別せざるを得なくなったことが、父以南への最大の怒りだったのではないでしょうか。

こうした父への不満が鬱積した中、ついに家督は次男の由之に譲るとの書き置きを残して、榮蔵は出奔というとんでもない行動に出たのです。

江戸時代の封建的な家父長制度のもとでは、家を嗣ぐべき長男が出奔するなどという行動は、極めて親不幸で、かつ犯罪的な行為でした。榮蔵もそのことは十分知っていたはずです。それにもかかわらず出奔という挙に出たということは、榮蔵のストレスや我慢もついに限界を超え、堪忍袋の緒が切れたのでしょう。

三峰館復学

安永四年（一七七五）七月十七日に家を飛び出して出奔した十八歳の榮蔵（良寛）は、それからどこで何をしていたのかが実はよく分かっていないのです。

諸国を放浪したのではとの説もあります。榮蔵は七月十七日に橘屋を出奔してそのまま直ぐに光照寺に入ったという言い伝えでもあったのか、明治時代に作られたと思われる『山本家近世歴代の家譜』や、大正三年に刊行された西郡久吾の『北越偉人 沙門良寛全伝』にそのように記述されています。だが、そのことを示す江戸時代の資料はまったくありません。おそらく、橘屋を出奔した事実と、数年後の光照寺入山の事実の二つが混同され一つの口碑になって後世に伝わったのではないでしょうか。仮に出奔したその日に光照寺に飛び込んで坐禅修行をさせてほしいと榮蔵が願い出ても、橘屋の親戚である蘭谷万秀和尚は、出家には両親の同意が必要であり、名主見習役であるからにはもう少し慎重に考えた方が良いと諭したでしょう。さらに、たとえすぐ光照寺に入っても、その話はすぐに橘屋に伝わり、たちまち榮蔵は以南に連れ戻されることでしょう。そしてなによりも、榮蔵は父以南への反発から出雲崎から遠く離れた場所での坐禅修行を願っていたのではないでしょうか。

橘屋を出奔した榮蔵は、まず地蔵堂の中村家に行き、大森子陽の三峰館にいったんは復学したのではないでしょうか。父以南には直ぐには出家したいとは言わずに、まずは三峰館でもう少し勉強したいと願ったのではないでしょうか。すぐに出家したいと言っても、父以南はとうてい認めてくれるはずがないと榮蔵はわかっていたでしょう。

父以南も榮蔵を無理に出雲崎に連れ戻そうとすると、榮蔵がまた何をするかわからないので、榮蔵が落ち着くまではしばらく様子をみることにしたのではないでしょうか。そこで渋々、三峰館への復学を認めたのでしょう。

地蔵堂（じぞうどう）の町には次の言い伝えがあったと言います。

「橘屋の太郎坊（長男＝榮蔵）が帰ってきたそうだ、娘、気をつけれ」

この言い伝えがあったということは、結婚して名主見習役になるために三峰館を退塾して出雲崎に行った榮蔵が、再び地蔵堂に戻ってきたことを意味するのではないでしょうか。

そしてこの「気をつけれ」という言葉の背景には、当然、榮蔵が色好みだったことへの警戒があります。さらにまた、娘が榮蔵に見そめられて嫁にやれば、経済的に苦しい橘屋から借金を申し込まれてしまうという警戒もあったかもしれません。

以南は、榮蔵が詫（わ）びを入れて名主見習役として戻ってくることを願っていたのではないでしょうか。

しかし、榮蔵には、妻を離別に追い込んだ父への反感もあったでしょうが、三峰館での学問を続けたいという思いが強く、父に詫びを入れて橘屋に戻る気持ちは微塵（みじん）もなかったのではないでしょうか。

出家の決意

三峰館に復学して通っていた間、榮蔵は自分の生きる方向を真剣に考えたに違いありません。そして榮蔵が選択したこれから進むべき道は、出家して禅の修行をすることだったのではないでしょうか。

出家を決意した背景には次のことなどが考えられます。

・母秀は観音様への信仰心が篤（あつ）く、その影響で幼時から仏教に親しんでいた。実際、良寛をはじめとして兄弟の多くは仏門に帰依した。

・寺子屋として通っていた光照寺の蘭谷万秀（らんこくばんしゅう）和尚から、仏教・禅とは何かについてもを学んでいた。

・三峰館の師大森子陽は有願とともに永安寺の大舟和尚から学んでおり、仏教にも理解があった。榮蔵はその影響を受けた。

・私塾長善館を創設した鈴木文臺（ぶんたい）は、「栄蔵はいったん家督を相続したが、出雲崎で盗賊の死刑に役目として立ち会い、帰宅してすぐに出家した」という記録を残していることから、名主の死刑立ち会いの職務に無常を感じた。

・どう生きるかについての哲学的な問題について関心があったが、当時それに応えられるものとして仏教があった。

・既存の差別を容認し、秩序維持に重きを置く儒教の教えは、体制維持を目指す幕藩体制側にとっては都合がよいが、差別を憎んだ文孝（良寛）にとっては、望ましいものではなく、慈愛の心と利他の精神で人々の救済を目指す仏教にあこがれた

・困難な名主の職務は、よほど強い人間でなければ務まりません。過酷な当時の社会は強くなくては生きていけない時代でした。自分の弱さを自覚していた榮蔵は、厳しい坐禅修行によって、自分を鍛えるとともに、悟りを得て、心の平安を得られることにあこがれた。

出奔後、地蔵堂に戻ってからしばらくして、榮蔵は出家したいという自分の決意を父以南に伝え承諾

を求めたのではないでしょうか。それも出雲崎から遠く離れた場所で。

しかし、父以南は長男である榮蔵が名主見習役に戻ってくることを切に願っており、弟の由之がまだ十三歳であることもあって、出家をすぐには認めなかったのではないでしょうか。

おそらく、長男が当然家督を継ぐという鉄則のあった時代であり、長男がその鉄則に反して出家することは、世間体も悪く、親の体面を疵（きず）つける行為、父である自分の顔に泥を塗る行為で、沽券（こけん）に関わるとも以南は考えていたのでしょう。

さらに、榮蔵（良寛）の対人折衝には向いていない性格に多少不安を抱きつつも、一面、榮蔵は記憶力もよく、非常に優秀であったことから、凋落（ちょうらく）しつつあった橘屋の建て直しを榮蔵に期待していたのかもしれません。

父以南は、栄蔵から出雲崎から遠く離れた場所で出家して坐禅修行をしたいという決意を聞いて、どうしたものかと光照寺の住職蘭谷万秀（らんこくばんしゅう）に相談したのではないでしょうか。

万秀和尚は、出家には両親の承諾が必要であり、その覚悟はあるのかと尋ねたうえで、さらに語ったことでしょう。「修行する場所としては榮蔵の言うように実家の近くでは好ましくない。出雲崎から遠く離れた場所の、しかるべき師匠のいる修行道場で厳しい修行を積ませることが大事だ」などと。

父以南は栄蔵の出家の決意を聞いてもなかなか出家を認める気にならなかったのか、栄蔵に返事をしないまま、時が過ぎたのではないでしょうか。

栄蔵も父から出家の許しをなかなかもらえない中、具体的な坐禅修行の場所を自分でも考え始めたのではないでしょうか。

そこで、栄蔵は大森子陽に、出雲崎から離れた場所で坐禅修行したいという自分の考えを伝えて、相談したのではないでしょうか。そして三峰館で学ぶかたわら、在俗の有髪のまま、ときどき坐禅修行を行うようになったのではないでしょうか。その場所は、大森子陽に相談して勧められた、子陽の師匠である大舟和尚のいる白根茨曽根の永安寺などではなかったでしょうか。仮に永安寺だったとすると、離別した妻の実家関根小左衛門家のすぐ隣ということになります。

出奔後の坐禅修行

安永八年（一七七九）良寛二十二歳の時に、光照寺において、越後に巡錫してきた大忍国仙から得度し、国仙と一緒に円通寺に赴いたということは、貞心尼の残した記録などから明らかです。ではそれまでの四年間はというと、それを窺わせてくれる資料はほとんどないのです。まさに空白の四年間であり、良寛の生涯の中で最も謎となっている時代なのです。

上杉篤興筆『木端集』の端書きに、「まだ初冠にも足らで、頭そりこぼち、そこはかとなく家を出、あるは山に籠り、あるは荒磯にあくがれ、四方八方の国を修行しありき」とあります。初冠は二十歳であることから、二十歳前にすでに外見上は僧形となって各地を修行していたことがわかります。ただし、山に籠もり、荒磯にあくがれというのは文学的な誇張した表現でしょう。

良寛が出家する前に参禅していたことを示す資料もあります。大関文仲が**文政元年（一八一八）**に記した『良寛禅師伝』です。良寛生存中に書かれた記録です。その中に次の一文があります。

「齢末だ弱冠ならざるに、薙髪して出家す。人に語って曰く、「世人皆謂う。僧となりて禅に参ずと。我れは即ち禅に参じてのち僧となる」と。のち久賀美(くがみ)山中に庵す。」弱冠は二十歳なので、二十歳前に髪を剃って禅に参じた後、初めて正式な僧になったことがわかります。

出家前の坐禅修行の場所

では、空白の四年間の間に、榮蔵はどこで坐禅修行を行っていたのでしょうか。それを推測させる記録があります。その記録は晩年の良寛から貞心尼が直接聞いた話であり、良寛の忠実な仏弟子であった貞心尼の記録なので、その信憑性(しんぴょうせい)は高いと言えます。内容は良寛と大而宗龍(だいにそうりゅう)との相見の話です。

大而宗龍とは、良寛に極めて大きな影響を与えた曹洞宗の僧侶であり、越後では紫雲寺の観音院を拠点(きょてん)にしていました。その生まれは上野(こうづけ)国で、良寛より四十一歳年長です。大森子陽、大忍国仙とともに、良寛の三大師匠の一人とでもいえる人物です。貞心尼の記録に次の記述があります。

「宗龍禅師の事、実に知識に相違此(これ)なき事は良寛禅師の御話に承り候(そうろう)。
師そのかみ行脚の時分、宗龍禅師の道徳高く聞えければ、どうぞ一度相見致したく思ひ、其(その)の寺に一度くわたいたしをりのこと、禅師今は隠居し玉ひて、別所に居ましてやういに人にま見え玉はず、みだりに行く事かなはねば、其侍僧(そのじそう)に付いてとりつぎを頼み玉へど、はかばかしく取り次ぎくれず、(以下略)」

塩浦林也氏は『良寛の探究』の中で、おおむね次のことを述べています。

「この記述は良寛と宗龍の初回の相見のことである。「其の寺に一度くわたいたしをり」の「くわた」

とは「掛塔（かた）」すなわち新たに寺に入った僧侶が衣鉢・錫杖（しゃくじょう）などを僧堂の壁の鉤（かぎ）に掛け置くこと、つまりそこで新たに修行することを意味している。したがって、良寛は宗龍との初回の相見よりも以前に、かつて一度宗龍の寺（紫雲寺（しうんじ）の観音院（かんのんいん））で修行していたことがあることを示している。

そして、「宗龍禅師の道徳高く聞えければ、どうぞ一度相見致したく思ひ」とあることは、かつて一度宗龍の観音院で修行していたときには、道徳高く聞こえることはなく、一度相見したいとは思わなかったこと、すなわち円通寺に行って本格的な修行生活に入ってから、はじめて、宗龍禅師の道徳が高く聞えたので、どうぞ一度相見致したく思ったことを示している。したがって、良寛と宗龍の初回の相見は円通寺時代であったことを示している。」

これらのことから、榮蔵が空白の四年間の間に、紫雲寺の観音院で坐禅修行していたと思われます。

坐禅修行の開始

栄蔵が生家橘屋を飛び出した翌年の春、父以南は次の句を詠んでいます。

炉ふたいで　その俤（おもかげ）を　わすればや

以南のこの句の遺墨は与板の蓮正寺（れんしょうじ）にあり、「安永丙申春三月書　以南」との署名があるので、安永丙申すなわち**安永五年（一七七六）良寛十九歳**の年の作であるとわかります。

春になって茶室の地炉に蓋をして夏用の風炉に切り替える茶道の行事に託したこの句で、父以南は、名主見習役の職を放り投げて大森子陽の三峰館に復学し、その後、坐禅修行を始めた榮蔵について、その面影に蓋をして、忘れようかどうか、榮蔵が名主を継いでくれることを諦めようかどうか悩んでいる心情を詠んだのでしょう。榮蔵は、出雲崎の生家を飛び出してから一年が過ぎた夏になっても、父以南はなかなか出家を認めてくれないため、出雲崎から遠い場所での本格的な坐禅修行を始める腹を固め、師の大森子陽に相談したのではないでしょうか。

大森子陽はかつて白根茨曽根の永安寺で大舟和尚のもとで一緒に学んだ有願(うがん)に助言を求めたのではないでしょうか。そして有願は悦巖素忻(えつがんそきん)に共に学んだ兄弟弟子である大而宗龍(だいにそうりゅう)が事実上創建した紫雲寺の観音院を勧め、手配してくれたのではないでしょうか。

十九歳の夏、栄蔵は三峰館を退塾し、正式な僧にはなっていないものの、頭をイガグリ坊主頭に丸め僧形となって、紫雲寺の観音院で坐禅修行を始めたのではないでしょうか。

榮蔵（良寛）が紫雲寺の観音院で坐禅修行を始めたその背景として、大森子陽は細井平洲を頼って、米沢藩や庄内藩などの藩儒になることを志望しており、近々、三峰館を閉塾して東北に旅立つという動向を、あるいは榮蔵も知っていたのかも知れません。

父以南は栄蔵をいったん名主見習役にした以上、弟由之が成長して名主見習役が務まるようになるまでは、榮蔵の出家を正式に認めるわけにはいきませんでした。そのため、榮蔵が紫雲寺の観音院で坐禅修行を始めることについては、しぶしぶ黙認したのでしょう。

安永六年（一七七七）良寛二十歳の夏に、大森子陽が三峰館を閉じて、秋田の象潟(きさかた)に向かう時、学友の富取之則(とみとりゆきのり)や中村要蔵好忠(ようぞうよしただ)（後に旧左衛門）は送別の詩を子陽に贈っていますが、榮蔵は贈っていません。このとき既に紫雲寺の観音院で坐禅修行を始めていたためでしょう。

観音院で坐禅修行を始めた良寛は、頭を丸めて見かけは僧形になっても、まだ正式な僧侶にはなっていないので、宗龍と行動をともにし、各地の授戒会や安居（坐禅研修）に参加することはほとんどなかったのではないでしょうか。

安永七年（一七七八）良寛二十一歳の年の七月に、宗龍は武州、江戸で授戒会を行っており、越後を不在にしていました。こうした時などに、栄蔵は宗龍と親しかった新津の桂家の世話になったりしたのではないでしょうか。新津の大庄屋桂誉章は数万冊の書物を集めて万巻楼を建てた人物であり、円通閣も建てていますが、良寛の母となるのぶ（後に秀）の最初の夫だった人でもありました。

栄蔵はときどき、桂家の万巻楼の書物を読書していたのではないでしょうか。

出家の承諾

安永七年（一七七八）八月の日付で弟由之（十六歳）が名主見習役に就任していたことを示す文書があります。弟由之が名主見習役に就任したということは、以南が榮蔵（二十一歳）の出家を正式に承諾したということも示しているとみてよいでしょう。

栄蔵が紫雲寺の観音院で坐禅修行を始めたことで、以南は榮蔵が本気で出家を願っていることを知ったことでしょう。そして、次男の由之が成長したこともあり、名主職を長男の榮蔵に嗣がせるという夢を諦め、榮蔵の出家を承諾したのです。

そこで、榮蔵の将来を光照寺の住職蘭谷万秀に相談したのではないでしょうか。蘭谷万秀は自分の次に光照寺の住職を嗣ぐ予定であった玄乗破了から、破了の師匠であった円通寺の大忍国仙和尚がいかにすぐれた師家（仏道の指導者）であるかということや、備中（岡山県）玉島の円通寺がいかに寺格が高くて有数の修行道場であるかということを聞いていたことでしょう。玄乗破了は師匠でもある円通寺の国仙和尚に、光照寺で自分の光照寺十二世としての晋山式(しんさんしき)（住職就任式）と江湖会(ごうこえ)を開くためにも、**安永八年（一七七九）春**に越後に巡錫(じゅんしゃく)していただくよう頼んでいました。

そこで、**蘭谷万秀**は以南からの栄蔵出家の相談を受けて、国仙和尚が光照寺に来る機会に、栄蔵を正式に出家得度(とくど)させ、国仙和尚の弟子にしようと考えたのではないでしょうか。

そして、栄蔵と会って、栄蔵に見所があるならば弟子にして、円通寺に一緒に連れて行って欲しいと国仙和尚に依頼したのではないでしょうか。

光照寺入山

安永七年（一七七八）栄蔵二十一歳の年の晩秋に、栄蔵は観音院を出て、光照寺に入山したものと思われます。国仙和尚が翌年の春に、越後に巡錫(じゅんしゃく)するまでの間、栄蔵は掃除などの寺の雑務に従事したり、坐禅修行を続けたり、光照寺にある仏典などの書物を学んでいたりしていたのではないでしょうか。なお、光照寺入山が、国仙和尚の越後巡錫の前年の晩秋ではないかと考えられる理由は、由之の名主見習役就任すなわち栄蔵の出家承諾の時期がこの年であったと思われること、及び、證聴(しょうちょう)の『良寛禅師碑銘并序』の中に、「俄(にわか)に往詣(おうけい)して宿願を遂(と)げんと欲す」という記述があり、光照寺に入った時期が国仙和尚の巡錫(じゅんしゃく)の直前と思われることからです。

光照寺

第三章　出家と円通寺時代

出家得度

安永八年（一七七九）良寛二十二歳の春、光照寺に来錫した国仙和尚は、良寛晩年の弟子だった證聴の『良寛禅師碑銘幷序』によれば、一見して榮蔵の器を重し（資質と情熱がある）と判断し、薙染させ、大愚良寛という名をつけました。榮蔵はこのとき出家得度し、正式な僧となりました。

良寛が得度したときの二十二歳という年齢は、證聴が書いた『良寛禅師碑銘幷序』に、世寿七十四、法臘（僧になってからの年数）五十三とあることから、逆算すると二十二歳で得度したものと考えられるためです。良寛は国仙和尚とともに光照寺を立ち、全国各地を巡錫しながら備中玉島（現在の岡山県倉敷市玉島）の円通寺に向かいました。途中、長野の善光寺に立ち寄ったものと思われます。橘屋は弟の由之が名主見習役を継ぎました。

国仙和尚

大忍国仙和尚は**享保八年（一七二三）**、埼玉県岡部村の生まれであり、彦根の清涼寺第九世高外全国の弟子となりました。全国は「鬼全国」と呼ばれたほど厳しい修行で知られていました。

三十歳で和尚位へ進み、町田市の大泉寺、神奈川県愛川村の勝楽寺などの住職を務めました。

明和六年（一七六九）、四十七歳の時、円通寺第十世となりました。国仙は生涯に、玄乗破了、圭堂国文、嫩藥仙桂などの三十一人の弟子を育てました。**安永八年（一七七九）**に弟子となった良寛は二十九番目の弟子でした。指導力のあるすぐれた師家でした。

円通寺

円通寺は岡山県倉敷市玉島にある曹洞宗の寺院です。元禄年間に加賀の大乗寺の二十八世だった徳翁良高を迎えて再興されました。良高は西来家訓を定めその家風は厳正でした。徳翁良高は初め禅浄一致、念仏禅といわれた黄檗宗に参じました。それらの影響もあって、阿弥陀仏が方丈にあったといわれています。第十世大忍国仙によって、常恒会という全国でも百ヶ寺ほどしかない高い寺格が与えられました。檀家を持たない修行寺として決して裕福な寺ではありませんでしたが、当時、曹洞宗内でも有数の雲水の修行道場でした。円通寺での日常生活は概ね次のとおり。

午前三時	起床
三時十五分	坐禅
四時三十分	読経
六時	朝食
七時	坐禅
八時	清掃などの作務
九時	経典、祖録の講義
十一時	読経
十二時	昼食
午後一時	講義又は自習
四時	坐禅
五時	読経
六時	夕食
七時	坐禅
九時	就寝

円通寺

また、月に二回托鉢を行いました。

円通寺での修行

円通寺では良寛はひたすら仏道修行に邁進(まいしん)していました。しかしながら、他の修行僧の中には、立派な寺の住職になろうとか、お布施をたくさんいただく信者と、特別に親しくするなどというような者もいました。俗世間の煩(わずら)わしさから脱出するために仏門に入ったものの、僧侶の世界もまた俗世間とおなじだと感じたのか、次の歌があります。

遁世(とんせい)

波の音　聞かじと山へ　入りぬれば　又色かへて　松風の音

円通寺での生活を詠んだ漢詩

備中玉島の曹洞宗の円通寺で良寛は朝早くからの厳しい修行に明け暮れしました。そんな頃の生活を詠んだ漢詩が二つあります。

円通寺に来たりて従(よ)り　幾回か冬春を経たる
門前　千家の邑(ゆう)　乃(すなわ)ち一人も識(し)らず
衣垢(あか)づけば手自(てづか)ら濯(あら)ひ　食尽くれば　城闉(じょういん)に出づ
曽(かつ)て高僧伝を読むに　僧は可可(かな)り清貧なり

(訳)

円通寺に修行に来てから、もう何年かたった。
門前は賑やかな町並みだが、特別に親しくしてくれる人は（多くの同僚にはいるが自分には）いない
僧衣が汚れれば自分の手で洗い、食糧がなくなれば町へ托鉢に出かける
当時高僧の伝記を読んだが、そこには高僧は清貧であったことが記されていた

憶ふ円通に在りし時　恒に吾が道の孤なるを歎ぜしを
柴を運んでは龐　公を憶ひ　碓を踏んでは老盧を思ふ
入　室　敢へて後るるに非ず　朝参　常に徒に先んず
一たび席を散じて自従り　悠　悠三十年
山海　中　州　を隔てて　消息　人の伝ふる無し
恩に感じて終に涙有り　之を水の潺　湲たるに寄せん

（訳）

円通寺にいた時を思い起こすと、常に私の生き方が孤立していることを悲しみました。

柴を運んでは、龐　蘊が日常の作務の中に悟道の機を見い出したことを考え、臼を踏みながら、
六祖慧能がひたすら作業をしていたことを考えました。

指導を受けるため師の部屋に入ることは誰にも後れず、朝の坐禅はいつも真っ先に行きました。

円通寺を離れてから、悠々と生きて三十年が過ぎました。

円通寺のあった玉島とは遠く離れ、誰からも円通寺の状況は伝わって来ません。

円通寺で国仙和尚から受けた恩を思い出すと、つい涙がさらさら流れる川のように流れます。

高僧伝から学んだ清貧の思想

良寛は円通寺で、坐禅・作務(さむ)・托鉢などの厳しい修行を長い間真剣に続け、多くの経典、歴史上の高僧の伝記・語録、碧巌録(へきがんろく)などの公案(禅の問答集)を学び、深い仏教の学識を身に付けました。

高僧の伝記を読んだり、当時としてはめずらしく清貧に生きた乞食僧・大而宗龍(だいにそうりゅう)の生き方を学んで、僧は清貧に生きなければならないという思想を持つようになりました。

愚を目指した良寛

一切の欲望・煩悩(ぼんのう)を断ち、無心・無欲になりきり、こだわり・はからい・分別心(ふんべつしん)をも捨て去って、本来の自分に具わっている清浄な仏の心で生きるという姿を禅僧は目指します。そうした境地で生きる姿は、一見すると愚者に見えます。良寛が国仙和尚から学んだ騰騰任運(とうとうにんぬん)の生き方です。

国仙和尚は良寛に愚に徹しろとその進むべき道を示し、大愚良寛(だいぐりょうかん)という名を与えたのではないでしょうか。

母の死

天明三年(一七八三)、良寛が二十六歳のとき、母秀が四十九歳で亡くなりました。文人墨客と交わり、俳諧三昧(はいかいざんまい)に生きた以南に代わって、たくさんの子供を育てながら、女の細腕で橘屋を切り盛りして、たいへん苦労した母でした。後年、良寛は次の歌を詠んでいます。

沖つ風　いたくな吹きそ　雲の浦は　わがたらちねの　奥つ城どころ

いたくな吹きそ…ひどく吹かないでおくれ　雲の浦…出雲崎の海岸　たらちね…母　奥つ城…墓

天明五年（一七八五）、二十八歳の良寛は母の三回忌に出るために一時帰郷したのではともいわれています。しかし、良寛が母の三回忌の法要に参列したことを示す資料は何もありません。

この年の五月に良寛は紫雲寺の観音院で行われた夏安居（夏の坐禅研修）に時刻を計る香司役として参加した記録があります。したがって、夏安居に参加する直前、母の墓参や二月に示寂した光照寺の隠居蘭谷万秀和尚の霊前に額ずくために出雲崎に立ち寄ったかもしれません。

大而宗龍

天明四年（一七八四）一月、円通寺では石書般若塔が建立されました。玉島新町の廻船問屋中原利左衛門が天明の飢饉の死者を弔うために寄進したものです。この石塔の下の地中には大般若経の一千字が一個に一字づつ書かれた小石の入った甕が埋められています。その中には良寛の書いた石もあるはずです。この事業を進める中で、法系の近い禅僧大而宗龍という傑僧の生き方と宗龍が行った偉大な事業が語られ、石書般若塔の建立の意義が伝えられたものと思われます。

大而宗龍は**明和五年（一七六八）**には、秩父の廣見寺で大般若石経書写の大業を興し、**明和七年（一七七〇）**、一年がかりの難工事のすえ、固い岩盤を掘削し石経蔵を造営し、数千個の石経を納め、百ケ日の大般若経石経書写奉納の大願を成就したのです。

良寛はかつて大而宗龍のもと、紫雲寺の観音院で坐禅修行をしましたが、その時には気づかなかった宗龍の偉大さを、円通寺での石書般若塔建立の事業を経験することによって、初めて知り、是非一度宗龍と相見したいと強く思うようになったのではないでしょうか。そしてその機会は翌年**天明五年（一七八五）**紫雲寺の観音院での夏安居に参加した際に実現しました。

大而宗龍は上野国（現在の群馬県）に生まれ、下丹生村（現富岡市）の永隣寺の賢隆長老の弟子となり、その後、紫雲寺（現新発田市）の観音院、巻町（現新潟市西蒲区）の万福寺、加賀の天徳院時代の悦巌素忻に侍して修行しました。**宝暦七年（一七五七）**悦巌から嗣法しました。時に宗龍四十一歳。

「貧の家風」を継ぎ、当時の僧としては名利に拘らない清潔な徳の高い人物でした。放身捨命の念を常に持ち続け、献身的な衆生済度の実践を生涯貫きました。**寛政元年（一七八九）**観音院で示寂しました。享年七十三歳。墓は飛騨高山の大隆寺にあります。

宗龍は名誉や地位に安住することなく、次から次へと、衆生済度のため、捨身の活動を生涯続けました。そのため寺の住職となってもそこに安住することなく、数年もしないうちに住職の座を後継者に譲りました。寺を開山してもその名誉は師に譲り、自らは二世となりました。

宗龍は極貧とも言える乞食僧の生活を生涯貫きました。寺に住んでもすぐに出て、山中の草庵に住んだり、石経供養などのための勧進を行い、托鉢を続けました。

生涯にわたって、全国各地で授戒会を六十四回も開催し、民衆を教化しました。安居も生涯で三十三回も開催し、雲水の育成を図りました。安居は授戒会と同時に開くことが多いのです。

天明五年（一七八五）良寛二十八歳の年、良寛は六十九歳の宗龍と相見を果たしました。場所は紫雲寺観音院から六～七キロ離れた蓮潟二ツ山（聖籠町）の観音庵（後の宗龍庵、宗龍寺）の宗龍の隠寮、時期は紫雲寺観音院での夏安居の始まる前と思われます。

大而宗龍との相見

貞心尼が良寛の漢詩集を最初に刊行した蔵雲和尚にあてた書簡の中に、良寛と宗龍との初めての相見までの、次のような様子が感動的に記されています。

「宗龍は隠寮にいてあまり人に会わなかった。良寛は取り次ぎを頼んだがなかなか取り付いてもらえなかった。そこで手紙をもって直接会いに行くことにした。深夜に隠寮の裏までまわってみたが、塀が高くて中に入れそうにもなかったが、幸いにも一本の松の枝が塀の外に出ていたので、その枝に取り付いて庭の中に入ることができた。だが、建物の雨戸が固くとざしてあったので隠寮にはいることができなかった。ここまできてむなしく帰るのも残念だ、どうしたらよいだろうかとあちこち見渡すと、雨戸の外に手を洗うための手水鉢があった。そこでその上に手紙をのせて帰ろうとしたが、風が吹くかもしれないと、立ち戻って石を拾って手紙の上にのせてなんとか観音院まで帰って来た。朝の行事が始まり、読経の途中で、提灯を照らした僧が客殿にやってきた。そして、「良寛という僧はいるか、すぐ来るようにとの使いにやってきた」といった。みんなは驚いたが私はうれしかったのでさっそく隠寮まで行き相見す

紫雲寺の観音院

ることができた」

良寛は貞心尼にさらに「今よりは案内に及ばず、何時にても勝手次第に来るべしと有りければ、それよりたびたび参り、法話致し」と語っています。

このことは、夏安居（げあんご）が始まって外出ができなくなる直前や、夏安居の終了直後に、さらに何回か宗龍を訪ねたことをうかがわせます。宗龍は夏安居が終わってから托鉢に出かけ、六月に新発田（しばた）市内を托鉢中に中風（ちゅうふう）を発症しました。良寛と宗龍の何回かの相見は、宗龍が托鉢に出かける前まで行われたものと思われます。宗龍と良寛の最初の相見では、まず、宗龍の貧の家風、乞食僧として生き方、衆生済度（しゅじょうさいど）の取り組みなど、宗龍の仏道についての考えを主に問うたのではないでしょうか。

そして、夏安居の直前または直後の相見で、良寛は宗龍に『或人（あるひと）手記』の内容を問うたのではないでしょうか。大島花束（かそく）氏の『良寛全集』に、宗龍と良寛との二回目の相見の際と思われる漢文の問答が、『或人手記』として紹介されています。宮栄二氏は『文人書譜6 良寛』の中で、この「或人手記」に関して詳しく解説するとともに、次のように訳されています。

「良寛がまず宗龍禅師に問うて曰（い）うには、誌公（しこう）観音と達磨（だるま）観音と、何れが本当の観音でしょうか、と聞いた。和尚（宗龍禅師）が曰うには、狭い道に咲く桃の花が風雨の通り過ぎたあと、地面いっぱいに散り敷いてしまった。そこを馬が通るのにどうしてその紅い花を踏まずに通過することができようか、師（良寛）は曰う「私はそうは思いません」、和尚が曰う「では汝はどうだというのだ。」

師が答えた「言うのを拒むわけではありませんが、言えばおそらく人に笑われることになりましょう」

この問答は、良寛の問いに対して、宗龍禅師は「達磨の妥協を拒絶した態度は一つの生き方だが、誌公のとった方便の態度も大切だとは思わないのか」と答えたものと解釈されています。」

良寛は宗龍の衆生済度の意欲的な活動は評価するものの、寺の住職を務めていることに対して、釈尊の求めた本来の姿とは異なり、仏道の原理原則に反するのではないかと考え、宗龍を誌公観音に例えました。一方、仏道の原理原則に沿って行動した達磨観音を目指すべきであり、寺の住職になるべきではないのではないかと宗龍に問うたのでしょう。宗龍の答えは、寺に住んで住職を務めるのは方便であり、要は衆生をいかに救うかどうかが大事なのだと答えているように思われます。

なお、或人とは誰でしょうか。冨澤信明氏は、「蔵雲は、宗龍禅師と良寛との相見の内容を貞心尼に尋ねたが、貞心尼は詳しいことは知らなかったので、證聴に尋ねた。「或人手記」はこの照会に対する證聴の回答であろう」と述べています。

良寛は国仙和尚から、一切のはからいを捨て、なにものにもとらわれない騰騰任運、随縁の生き方を学びました。さらに宗龍から、托鉢中心の清貧の生き方や、衆生済度の菩薩行の実践こそが仏の道であるということを学びました。

エピソード　**円通寺時代に盗人と間違えられる**

良寛が備中玉島の円通寺で修行していた頃、ある村に盗難があり、役人はよく家と家の壁の間で昼寝しているあの乞食坊主の仕業に違いないと良寛を捕らえて尋問しましたが、良寛は何も返答しませんでした。役人は良寛が犯人であると思い、土中に生き埋めにしようとしました。

そのときある農民が、「何も応えないのは凡人ではない。近頃、円通寺に一人の雲水がいて、すこぶる凡俗の姿で、内心は悟道に通じ、この地域に来ることもあるという。」と告げました。
そこで、再度尋問したところ、その人物であることがわかったのです。そして良寛は言いました。「一旦疑いを受けた以上は、いくら弁解してもそれは申し訳に過ぎない。これも前世の罪業のためと諦め、どのような罪苦を受けても苦しくない。これが申し訳をしなかった理由である」。役人はついに自分の非を認め、謝罪して良寛を放免した云います。

曳石搬土

良寛がある日、師国仙に尋ねました。「如何なるか和尚の家風」。

師は「一曳石、二搬土」と答えました。

「曳石」は、碧巌録四十四則にあります。馬祖道一の法嗣の帰宗智常が、ある日、外でみんなが作務をしている時、大衆の監督役の僧に訪ねました。「今日の作務は何か」「石臼曳きです」「石臼を曳くのはいいが、真ん中の心棒は曳くなよ（不動の菩提心は動かすなよ）」という故事によります。

「搬土」は、「唐末の木平善道は新到（新入り）が来ると、参道させる前に三杯の土を運ばさせて地均しをさせた。ねらいは、道は元々平らであっても、平らだからといって地均しをしないようでは、向上の道はふさがれる。毎日地均しをすることで道はその平らさを保てる。つまり、毎日の修行の積み重ねが大事だということを誡めた」という故事によります。

弟子が師匠に家風を尋ねるなどということは極めて異例のことでしょう。この頃良寛は、仏者としての生き方を確立する上で、悩んで行き詰まっていた時期だったのでしょうか。良寛は釈尊に立ち返り、寺に住まず、托鉢して生きるべきと考え始めていたのでしょうか。それに対して、国仙和尚はたくさんの寺の住職を長く務めており、それは托鉢で生きるという本来のあるべき姿ではないと感じた良寛は、師に家風を問うたのでしょうか。

また、良寛は「此の名号を持し、彼の名号を持するや」とも尋ねました。

師（国仙和尚）曰く「如何が持するや」。良寛は「南無三世一切仏（なむさんぜいっさいぶつ）」と答えました。これは開祖徳翁良高（とくおうりょうこう）は黄檗（おうばく）禅に参じ、高方丈（たかほうじょう）の内仏壇に阿弥陀如来を祀（まつ）り、日常念仏を唱えていたことから、師国仙もこの内仏に対して称名念仏していたのではないか。それを奇異に観じた良寛が理由を尋ねたのでしょうか。

正法眼蔵の提唱と翻身（ほんしん）の機

ある程度修行が進んだ頃、国仙和尚から道元禅師の『正法眼蔵（しょうぼうげんぞう）』の提唱を受けたり、各地の高僧からも学ぶために諸国行脚にも出かけるようになりました。

愚を目指し悟りの境地に到るため、厳しい坐禅修行を続けていた良寛は、自分の力だけをたよりに厳しい修行に打ち込んでいたが、限界があることを感じ、行き詰まりを感じるようになったようです。そうした時、良寛の悟境は既に一定の水準に達していたと判断した師国仙和尚から、道元の『正法眼蔵（しょうぼうげんぞう）』の提唱を受けました。まさに啐啄（そったく）同時の時機を得た指導でした。

道元の教えでは、発心、修行、菩提（ぼだい）（この場合は成道の意）、涅槃（ねはん）（煩悩の火が吹き消されている状態）の間に少しの間隙（かんげき）もなく、悟りとは特別な何かではなく、発心し（菩提を求める心を起こすこと）、行持（修行を永久に持続すること）したときにはすでに即心是仏になるのだと言います。即心是仏とは修行し続けるということが、すなわち仏と作ることなのです。坐禅などの修行は悟りに到るための手段ではなく、坐禅などの修行それ自体がそのまま仏道の実践であることや、坐禅をひたすら行うことに打ち込み、身心脱落（肉体と精神のすべての束縛・執着から解放されること）の境地に到ることがすべてである、というようなことを学んだのでしょう。

この師国仙和尚から『正法眼蔵』の提唱を受けたことをきっかけに「翻身の機」を迎えたということを、良寛は漢詩に詠っています。一段と悟境を深めたようです。

良寛は『正法眼蔵』の提唱を契機に、只管打坐の修行を続けることが仏になるということ、只管打坐によって達する身心脱落という身や心のあらゆる欲望を捨て去った解脱の境地こそ、唯一で絶対的な仏の姿であることを悟ったのです。そしてこのことを「翻身の機」と表現したのではないでしょうか。悟りとは迷いから解脱し、智慧の力によって真理を悟り、心の静けさを得ることなのです。

諸国行脚

さらに良寛は独力での修行から、多くの高僧との問答を通した研鑽、そして托鉢行脚へと、その修行スタイルを発展させていきました。

「翻身の機」があってから、良寛は円通寺における師国仙の下での修行から、独りで全国各地を托鉢行脚して高僧の門を叩き、仏の道とは何かを問い、悟境を深めていきました。

二十代後半から三十代の初めにかけて、良寛は全国各地に托鉢行脚に出かけるようになりました。とはいっても、円通寺を完全に離れたわけではなく、あくまでも円通寺の雲水としての修行の旅であり、ときどきは円通寺に戻っていたものと思われます。

なお、この諸国行脚は、『正法眼蔵』の多くの巻のうち、まだ読んでいない巻を探して読むことも目的の一つであったことでしょう。

何年もの間、各地で多くの高僧を訪ねても、どちらかというと学識だけはあるが世俗的な高僧が多く、宗龍のように純粋に仏道を究めて衆生（しゅじょう）を済度（さいど）しようとしている高僧は少なく、得るところはあまり多くなかったかもしれません。良寛が諸国行脚で訪ねた高僧とは誰と誰かは全く不明です。唯一判明しているのは宗龍だけですが、兄弟子の玄乗破了（げんじょうはりょう）とも会っているはずです。

長く厳しい托鉢行脚の修行によって、良寛は釈尊や道元の直弟子（じきでし）としての独自の思想、生き方を確立していったのでした。

有識の人

各地の高僧に参じる修行を重ねたことにより、悟境を深めた良寛は、仏の心は自分の心の中にあり、その仏の心を施す托鉢の真の意義を理解し、托鉢こそが自分が行うべき衆生済度のための菩薩行であると確信しました。そのことを良寛が詠った首句が「記得壮年時（記得（きとく）す壮年の時）」の漢詩があります。その漢詩を意訳します。

「修行のため各地を行脚していた若かりし頃を覚えている。

日々の生活がとても苦しかった。
ただ衣食を得るために　貧しい村里へ托鉢に往来した。
そんなころ路上で有識（見識のある）の人に逢った。その人は私のために詳しく説いてくれた。
そこで、言われるままに衣服の中を見ると、
今まさに目の前に（自分の心の中に）宝珠（仏の清浄な心）があることがわかった
この時から、（托鉢とは自分の心の中にある宝珠すなわち清浄な仏の心・仏徳を多くの人々に施すことで衆生を救う菩薩行であり、その清浄な心・仏徳に触れた人々から財施をいただくことであると確信し、）自ら使命感を持って、
仏法や仏徳の布施と、財の布施の交易である托鉢を行うようになり、
各地を托鉢して渉り歩くようになった。」

この詩は、『法華経』の五百弟子受記品にある衣裏（えり）の宝珠（ほうしゅ）のたとえ話に基づいています。このたとえ話では、宝珠（＝仏性）が衣裏にあることに気づき、それと求めるものを貿易すれば常に意の如くになり、不足するものがなくなるだろうと友人が教えてくれるというものです。

良寛は、見識のある人から、宝珠（＝清浄な心・仏徳）を施すことで財施を得ることができ、托鉢だけでも十分に生きていくことができることを教わったことをこの詩で詠っています。では、良寛が出逢った見識のある人とはいったい誰なのかという疑問が出てきます。私は、清貧の生き方や衆生済度が仏者の使命であることを教えてくれた宗龍こそその人であり、宗龍との相見がきっかけとなったと考えています。

塩浦林也氏は『良寛の探究』の中で、「良寛が出逢った見識のある人とは、暢気な朗らかな楽天的な「常楽世界は光照寺の隠居さん」と歌われ、独りの自由人として生きた玄乗破了であろう」と述べています。「良寛の自由人とも見える一側面は、良寛の本性から破了の生き方が誘導したものであろう」とも言っています。

非常に注目すべき見解です。そうだとすると良寛の禅僧としての独自の生き方に大きな影響を与えた人物は宗龍だけではなく、実は宗龍と玄乗破了の二人だったということになるのではないでしょうか。托鉢僧として生きて行くことを考えていた良寛にとって、はたして托鉢だけで生きて行けるかどうかという現実的な問題が、案外重くのしかかっていたのではないでしょうか。宗龍の教えと玄乗破了の庶民との間の壁を取り払って生きるという生き方を知って、自分の無欲で清らかな仏の心で庶民と接することで、托鉢僧として生きて行けるのではないかと思えるようになったのではないかと思います。

大而宗龍との最後の相見

證聴の『良寛禅師碑名并序』がいう「師已に省悟ありと雖も、猶諸方を叩す。末后、宗龍に紫雲に謁し、深く道の奥を究む。」という状況について、冨澤信明氏は、宗龍は寛政元年（一七八九）に示寂していること、及びこの記述が国仙が良寛に与えた印可の偈の記述の後にあることとから、順序は逆であるが、時期としては近い天明八年（一七八八）の相見の時としています。

天明八年（一七八八）四月に宗龍は紫雲寺観音院で授戒会を行っており、翌年示寂しています。晩年、仏法の奥義を宗龍から授かったと良寛が貞心尼や證聴らに話しましたが、その奥義を授かった機会こそ、**天明八年（一七八八）の良寛三十一歳と宗龍七十二歳**との相見であったと思われます。

この宗龍との最後の相見で、良寛は衆生済度の方法として、菩薩行として、布施、愛語、利行、同時の四つの方法で庶民と接するという菩提薩埵四摂法の意義や、托鉢で触れ合う人々に法施や無畏施だけでなく、和顔施、愛語施、仏徳施をほどこし人々の苦しみを和らげる托鉢の意義を完全に学んだのではないでしょうか。

清貧に暮らし、修行を続け、あらゆる煩悩・執着・はからいを捨て、迷悟をも超越し、清浄心になりきり、無心の境地に達し、仏徳を身に付けることによって、托鉢で触れ合う人々をその苦しみから救うことができるという信念を良寛は持つに到ったのではないでしょうか。

布施とは、仏法を施す法施、仏道を修すれば輪廻の苦しみから救われることなどを確信すれば畏れるものは無いということを施す無畏施や、笑顔を施す和顔施など。

愛語とは、やさしい言葉をかけること。

利行とは、困っている人を助けたり、相手が喜ぶような善行を行なうこと。

同事とは、相手の気持ちになって一緒に行動したりすること。

只管打坐、身心脱落という道元の教えと、騰騰任運、隋縁の生き方を師国仙から学んだ良寛は、さらに宗龍から、仏者の使命としての衆生済度の意義や、その方法として、托鉢による仏法や仏徳の布施を中心とした菩提薩埵四摂法（布施、愛語、利行、同事）の意義という仏法の奥義も学びました。

そして、釈尊の直弟子として、二人の師から学んだ教えに従って、生涯修行を続けながらも、市井で、托鉢や四摂法の実践により、衆生済度の菩薩行を行うという日本仏教史上、実に稀有で独創的な僧としての生き方を良寛は確立したのです。
越後に還(かえ)って定住してからは、曹洞宗門を離れ、寺にも住まず、住職にもならず、説教もしませんでした。山中の草庵に独居し、只管打坐(しかんたざ)の坐禅修行を生涯続け、清貧の托鉢僧として生きました。命を慈しみ、村人と素朴に交わり、子供たちと遊び、詩歌を詠んで、書をかき、騰騰(とうとう)と天真に任せて生きてゆくのでした。

印可の偈

良寛は師国仙による道元の『正法眼蔵(しょうぼうげんぞう)』の提唱により翻身(ほんしん)の機を迎えました。その後、聖胎長養(しょうたいちょうよう)（悟後の修行）の諸国行脚を続けた後、天明八年（一七八八）の宗龍との相見により仏法の奥義を究め、諸国行脚(あんぎゃ)を終え、**寛政元年（一七八九）**円通寺に帰山しました。

この時すでに師国仙は病床にありました。自分の死期を悟ったのか、**寛政二年（一七九〇）冬**、円通寺で厳しい仏道修行を十年以上積み、その悟境を確かなものと認めた良寛（三十三歳）と、最後の弟子であった義提尼(ぎていに)に印可（修行が終了した証し）の偈(げ)を与えました。

国仙が印可の偈で良寛を「庵主(あんじゅ)」と呼んだことから、良寛は首座(しゅそ)（修行僧の筆頭、とりまとめ役の職）となり立職して、円通寺の本堂のすぐ下にあった覚樹庵(かくじゅあん)の六世庵主になっていたものと思われます。国仙が管理していた覚樹庵は和尚位の者が入庵することになっていましたが、国仙はすでに自分の隠寮として水月庵(すいげつあん)を造らせていたので、覚樹庵は良寛に与えられていたものでしょう。

附良寛庵主　**良寛庵主に附す**

良也愚如道転寛
騰騰任運得誰看
為附山形爛藤杖
到處壁間午睡閑

良也愚の如く道転た寛し
騰騰任運誰を得て看しめん
為に附す山形爛藤の杖
到る處壁間午睡の閑なれ

（訳）

良いぞ、まことに徹し、愚になりきっているお前の進む道はますます寛やかになってきた。分別心を働かせず無心になって精一杯生き、その結果の運命には身を任せるというお前の学んだ生き方をほかの誰が身につけて見せてくれるだろうか、それができるのはお前だけだ。その境地に達し、私の仏法を嗣いだことの証しとして枝の切り口のついた自然木の杖を授けよう。この杖を持ってどこにでも行きなさい。そしてどこへ行こうとも、托鉢に出れば疲れ果てて民家の壁と壁の間で昼寝するくらいの厳しい修行で身につけた閑々地の境地を保ち続けなさい。

「騰騰任運」の騰騰とは、自由自在に駆け回ること。任運とは思慮分別を働かせずに、仏法が自ずから運び動くに任せること。長谷川洋三氏は『良寛禅師の悟境と風光』の中で、「任運とは、精一杯の努力をした上で各人の徳分に応じて与えられるものに従うことであり、何もしないで成り行きに任せるという意味では全くない！」と述べています。

「得誰看」は従来、「誰得看（誰か看るを得ん）」の誤記との説がありましたが、塩浦林也氏は『良寛の探究』の中で、「得誰看」の文字順は国仙の意図そのものだったのではないかと述べています。なお、看には守る、行うの意味もあります。

「山形爛藤杖(さんぎょうらんとう)」の「山形」は枝の切り口のあるでこぼこしたという意味です。「爛藤」とは、爛葛藤(らんかっとう)を略した言葉です。葛藤(かっとう)は、葛や藤の蔓(つる)がほどけないほどに絡(から)まって繋(つな)がっているさまから、師の法を弟子が全分に相承(そうじょう)して、師匠と弟子が一体となるという意味があります。道元の『正法眼蔵』には「葛藤の巻」があります。爛葛藤の爛には光輝く、あざやか、あきらかという意味もあり、爛葛藤とは、師は弟子に法脈を授け伝え、弟子は師より承け持って連綿と法脈が受け継がれること（師資相承(ししそうじょう)）が、あきらかであるという意味です。

つまり、山形爛藤杖とは嗣法(しほう)の証(あか)しとして師匠が弟子に授ける杖のことでなのです。決してたんなる古びた藤の杖ではありません。

「壁間午睡」について、玉島修行中の逸話がありました。円通寺の山の麓で、農家の壁にもたれて眠っているところを盗人だと疑われて捕まったが、やはり一言も弁解しませんでした。そこへ村役人が通りかかって、何も弁解しない良寛の態度に感心し、釈放させたのです。この逸話を知っている国仙和尚は、真摯(しんし)に仏道修行に励む良寛は托鉢さえもおろそかにしないことを知っており、そこに良寛の真価を見出し、その生き方を認め、さらに続けていくようにと印可の偈(げ)に記したのでしょう。

「到るところ」と書いていることから、寺に住まずに独り草庵で托鉢をして生きてゆきたいという良寛の抱負と境涯を認め、何処へでも行くがよいと、師国仙は、とても寺には納まりきらない良寛の器を認めたのです。この印可の偈を師国仙から授けられたことにより、良寛は一定の悟境に達し、寺での修行を終えたことが証明されたのです。

良寛は、自らを導いてくれた師大忍国仙和尚の厚恩を忘れず、この印可の偈を生涯肌身離さずに持ち歩いたのでした。そしてまたこのとき授かった山形爛藤杖も生涯連れ添ったにちがいないと思われます。良寛には、黒くなった杖を「烏藤」と表現した漢詩がたくさんあるのです。

国仙和尚の示寂

寛政三年（一七九一）良寛三十四歳の年の三月十八日、良寛の看病の甲斐もなく師国仙和尚が示寂しました。享年六十九歳。良寛は師国仙和尚の後任の住職に決まっていた玄透即中が取り仕切った国仙の葬儀や、五月五日の中陰法要には出席したと思われます。

だが、九月十八日に執り行われた玄透即中の住職就任の儀式である晋山式には出席しなかったのでしょう。おそらく、晋山式の一月前までには、円通寺を送行（退出）し、旅立ったのです。

玄透即中は剛毅果断、学徳兼備の誉れ高く、曹洞宗門屈指の傑僧、永平寺中興の祖と呼ばれています。寛政七年（一七九五）には第五十世として永平寺に晋住しました。永平寺では道元の『正法眼蔵』を初めて開版しました。玄透即中は、黄檗宗の影響を受けていた当時の曹洞宗門を、道元の頃の宗風に戻そうとする古規復興運動の中心人物でした。

良寛は玄透即中によって追放されたのではないかとの説もありますが、良寛などは玄透即中の眼中にはなかったのではないでしょうか。おそらく良寛は玄透即中の了解を得たうえで、自発的に全てを捨てて円通寺を立ち去ったのでしょう。良寛の円通寺時代は幕を閉じたのです。

良寛の人生の中で、備中玉島円通寺で過ごした十三年間は、一言でいえば、仏道修行に一途に邁進した生涯でもっとも充実した時代だったのではないでしょうか。

第四章　諸国行脚時代

円通寺送行

寛政二年（一七九〇）良寛三十三歳の年の冬に、国仙和尚から印可の偈を授かりました。翌年の三月に、国仙和尚が六十九歳で示寂しました。秋に、円通寺の新住職として玄透即中が着任しました。良寛はその前に円通寺を送行（寺での修行を終えて寺を出ること）しました。

無端偶問和尚道
忽地高跳脱保社
飽飯放痾何快活
四七二三在脚下

端無くも偶和尚に道を問ひ
忽地高跳して保社を脱す
飯に飽き痾（注）を放ち何ぞ快活なる
四七二三は脚下に在り

（注）蔭木英雄氏は『良寛詩全評釈』の中で、痾（病気）は屙（大便）のまちがいでしょうと述べている。

（訳）

思いがけなく師大忍国仙和尚に仏道を参問した
（悟りと仏道の奥義を得てから）すぐに思い立って修行の寺を離れた（托鉢僧となった）
それからは、飯を十分に食べてたっぷりと排便し、実に壮快に過ごしている
釈尊以来二十八祖の達磨や、達磨以来六祖の慧能と、同じ土俵の上に私も立っているのだ
（かれらが本来の自己の世界に生きているように私も同じ境地にいる）

この詩は、悟りを得たのち、仏道の奥義を究めてから、すぐに寺を離れた時の高揚感が、「**忽地高跳**

して保社を脱す」という句に現れています。この高揚感こそ、言葉では表現できない、ある意味で神秘的な体験とも言える「悟りを得た」ことと、仏道の奥義を究めたことの感激をよく表しています。

悟りを得て、仏道の奥義を究め、達磨や慧能と同じ境地にいることを確信した良寛は、円通寺での修行を終えて送行し、自分の悟りの境地が本物かどうか確かめるために、さらに聖胎長養（悟後の修行）を続けるために、ふたたび諸国行脚の旅に出たのでした。

当時の修行僧は、曹洞宗なら曹洞宗という宗門に所属したまま、師から印可証明を受け嗣法して、何処かの寺の住職になることが一般的でした。そして徳川幕府の寺請制度のもと、住職になれば檀家からの布施で安定した生活を送ることができたのです。

良寛の人生にとって最大の転機は、名主見習役の地位をなげうった出奔・出家でした。そして第二の転機は、円通寺を去ってから、諸国行脚を続け、曹洞宗門からも離脱し、托鉢僧となって良寛独自の仏の道を歩み始めたことでした。

関西行脚

良寛は、送行した**寛政三年（一七九一）三十四歳**の年の秋から、**寛政四年（一七九二）**の春の国仙和尚の一周忌に参加するまでの間、瀬戸内海に沿って東に向かい、京都、高野山、吉野などの関西地方を旅したものと思われます。その関西行脚の目的は、国仙から和歌の指導を受けていたことから、西行などの歌枕を訪ねる作歌の旅であり、また兄弟子を訪ねて国仙和尚の教えを確認する旅でなかったでしょうか。

塩浦林也氏の『良寛の探究』の中では、国仙一周忌までの約五ヶ月間に、次の旅があったのではないかと述べられています。

玉島↓赤穂↓韓津（現福泊）↓明石↓箕面の勝尾寺↓京都↓立田山↓
弘川寺↓高野↓和歌浦↓熊野本宮・新宮↓吉野↓初瀬↓
伊勢↓松坂・津・関・鈴鹿峠↓草津↓京都↓能勢妙見参拝↓津の国の高野（高代寺）↓有馬↓
須磨紀行**（寛政四年（一七九二）良寛三十五歳）一月二十四日**↓玉島円通寺での国仙一周忌

良寛は関西行脚の各地で歌や漢詩を詠んだり、紀行文を書いています。

この旅の途中で詠んだ歌でしょうか。「故郷を思ふて」という詞書きのある歌があります。

草枕（くさまくら）　夜ごとに　変わる宿りにも　結ぶは同じ　ふるさとの夢

津の国の標高四八九mの山頂にある高代寺に宿ったときに次の歌を詠んでいます。

津（つ）の国の　高野の奥の　古寺に　杉のしずくを　聞きあかしつつ

この歌の「杉」＝「過ぎ」で、来（こ）し方行く末を一晩中考えていたのでしょうか。この頃は托鉢僧として生きることや帰国して定住するという考えが、まだ十分に固まっていなかったのかもしれません。

還郷（げんきょう）

寛政四年（一七九二）の春、三十五歳の良寛は国仙和尚の一周忌（寛政四年閏二月二十八日と仮定）に参加し、その後いったん越後に還郷（げんきょう）（帰国）しました。

玉島 ↓ 京都 ↓ 東海道 ↓ 飛騨 ↓ 越中 ↓ 糸魚川 ↓ 郷本

還郷(げんきょう)の目的は前年に五十四歳で亡くなった大森子陽の墓参だったのではないでしょうか。そのうえ、**寛政元年（一七八九）**に七十三歳で示寂した大而宗龍(だいにそうりゅう)禅師の墓参のために、飛騨高山の大隆寺も訪れたかもしれません。糸魚川で病気で寝込んでしまったのは、飛騨から越中まで雪深い山越えを強行したためであった可能性もあります。

還郷(げんきょう)した良寛は、出雲崎を通っても生家橘屋には立ち寄りませんでした。橘屋はすでに父以南が隠居し、弟の由之が出雲崎町の名主となっていました。出家した長男の良寛が生家に立ち寄れば、家督(かとく)相続の問題に一石を投じて、家族や使用人に波風を生じさせる虞(おそれ)を、良寛は避けたのでしょう。父以南は後に、自分が入水自殺する前に、「朝霧に一段低し合歓(ねむ)の花」という俳句を書いた書を良寛に与えています。この俳句には、出家して家を出た以上、たとえ長男であっても、当主となった次男由之の顔を立ててほしいという父以南の願いが込められていたのかもしれません。

出雲崎の実家橘屋に立ち寄らなかったとしても、次の目的地は、寺泊の当新田の万福寺の裏山にある大森子陽の墓であり、出雲崎で一泊したのではないでしょうか。おそらく、円明院(えんみょういん)にいた弟の宥澄(ゆうちょう)を頼って泊まったものと思います。そこで、大森子陽の墓参の後は、地蔵堂の中村家に泊めてもらうにしても、その前にもう一泊した方がよいので、宥澄から上桐(かみぎり)の小黒家を紹介してもらったのではないかと思います。そのうえ、当面、仮住まいする場所としては、寺泊の郷本(ごうもと)に、手頃な塩炊(しおた)き小屋があるという話も聞いたのではないでしょうか。

翌日、寺泊の郷本(ごうもと)に行き、塩炊き小屋を実際に見た上で、郷本川沿いに上桐まで向かい、小黒家に泊めてもらったようです。小黒家で詠んだ詞書きが「黒坂山のふもとに宿りて」という歌があります。

あしひきの　黒坂山の　木の間より　洩りくる月の　影のさやけさ

この歌を詠んだ背景には、越後に帰国し、ゆくゆくは定住して、良寛独自の僧としての生き方、すなわち托鉢僧として生きるという覚悟が定まり、晴れ晴れとした心境にあったことが考えられます。

翌朝、小黒家を出て、寺泊駅に近い当新田の万福寺の裏山にある大森子陽の墓を訪ねたのでしょう。「弔子陽先生墓」と題した長い漢詩があり、最後の句が「徘徊して去るに忍びず　涕涙　一に裳を沾す」となっています。良寛に大きな影響を与えた恩師大森子陽の墓の前で、号泣した良寛の姿が想像されます。

帰国年次

良寛が越後に帰国した年は、従来、**寛政九年**（一七九七）には国上山の五合庵に住んでいたことを示す原田鵲斎の漢詩があることから、寛政九年までには帰国していたと考えられていました。おそらく父以南が**寛政七年**（一七九五）京都で入水自殺したため、その翌年の**寛政八年**（一七九六）**良寛三十九歳の年**に帰国したのではないかとの説がありました。

しかし、近年では、**寛政四年**（一七九二）**良寛三十五歳**の年の春だったとの有力な説が唱えられています。その根拠は、橘崑崙の『北越奇談』に、崑崙の兄彦山が帰国後の郷本の良寛の庵を訪ねたという記述がありますが、彦山は**寛政五年**（一七九三）に死亡していることから、帰国は寛政五年以前であったと思われることや、良寛の漢詩の内容から、父が自殺した**寛政七年**（一七九五）にはすでに良寛は越後にいて、円明院で父の法要を営んでいたと思われることなどです。冨澤信明氏は良寛の帰国年次を詳細に研究され、「良寛 故郷に帰る 円通寺から五合庵へ」（『良寛』四十八号 平成十七年十二月）の中で、帰国年次は寛政四年（一七九二）三月五日プラスマイナス三日と結論付けています。

郷本空庵

寛政四年（一七九二）良寛三十五歳の年の春、還郷して寺泊の当新田にある大森子陽の墓を目指す途中、良寛は寺泊の郷本という海岸で塩炊き小屋の空き家があることを見かけており、大森子陽の墓参の後に、そこで仮住まいを始めたものと思われます。

越後に帰国した良寛は、出雲崎に立ち寄ることなく、最初に寺泊の郷本の空庵に半年ほど住んでいました。このときのことは橘崑崙の『北越奇談』に記事があります。

郷本海岸

エピソード **鳥獣にも分け与える**

郷本の空庵での良寛の生活は、橘崑崙の『北越奇談』にくわしく記述されています。近隣を托鉢し、いただいた食料がその日食べる分より多いときは、貧しい人や鳥獣に分け与えていたといいます。そして、冬までの半年ほど郷本の空庵で過ごしたようです。ある日、橘屋の家人（おそらく弟の由之）が来て、良寛を伴って帰ろうとしましたが、良寛は従いませんでした。

なお、半年近くが過ぎ、日に日に寒くなる中、次の歌を詠んだのはこの頃ではなかったでしょうか。

越に来て　まだ越しなれぬ　われなれや　うたて寒さの　肌にせちなる

うたて…ますますひどい　せちなる…はなはだしい

この歌は、十数年ぶりに戻ったふるさと越後の寒さにまだ馴れないというだけでなく、托鉢で村々を回っても人々との暖かい心の交流が感じられず、まだ寒々とした思いでいるということを詠ったものであるかもしれません。

良寛が帰国したことは橘屋に知られていました。寛政五年三月二十日付けで以南が由之に出した書簡の内容から考えて、父以南は良寛と再会したのではないかと思われます。良寛は、父以南が期待した大きなお寺の高い位の高僧ではなく、托鉢僧として生きるという道を選んだこと、師の国仙和尚から印可の偈を授かったことなどを、自分の出家を認めてくれた父以南に話したことでしょう。

父以南もまた、良寛の生き方を認めるとともに、厳しい修行を経て僧として立派に成長した姿を見て安堵し、心おきなく京都に旅立つことができたのではないでしょうか。

良寛は半年程で郷本空庵を出たわけですが、私は半年で出た理由は、強風が襲う海岸の塩炊小屋では冬が越せないこともさることながら、直接の契機は、小越家に寄寓したことではないかと思います。

エピソード　**犯人に疑われた逸話**

越後に帰国したばかりの良寛は、寺泊の郷本の空庵を借りて住むようになりました。ある時浜辺の塩焚き小屋が火事になり、放火の犯人に疑われた良寛は、村人に生き埋めにされそうになりました。そこへ通りかかった夏戸の医者小越仲民のとりなしで、良寛は命を救われました。

良寛を自宅に連れ帰った仲民は、生き埋めにされそうになっても弁解もせず恬淡としている良寛に「なぜ、されるがままに黙っているのか」と問いました。良寛は「どうしよば、皆がそう思いこんだのだから、それでいいではないか」と答えたのです。

小越家寄寓と乙子神社草庵

伝承では、良寛は小越家に二年ほど寄寓したといいます。しかしながら、良寛は山中草庵独居、只管打坐、托鉢行脚という良寛独自の僧としての生き方を確立したが故に、還郷し越後に定住の地を求めたわけです。とても小越家に二年も寄寓していたとは考えられません。おそらく一月ほどは子供に読み書きを教えたかもしれませんが、すぐに別の場所に移り、冬を越したのではないでしょうか。

私は、良寛は翌年の**寛政五年（一七九三）良寛三十六歳の春**には、国仙和尚の三回忌のために、備中に向けて旅立つので、それまでの間、冬の雪寒をしのげる場所を探し、三峰館時代の学友であった解良叔問、原田鵲斎らに相談したのではないかと思います。

そして、乙子神社の草庵（社務所）を、牧ケ花の庄屋である解良叔問が国上村の庄屋涌井家に話をつけて、春までの約束で手配してくれたのではないかと推測しています。ただし、このことを示すような資料は何もありません。あくまでも私の推測にすぎません。

おそらく、五合庵は国上寺の塔頭の普賢院があった場所に、国上寺中興の祖である万元上人の隠居所として建てられた由緒ある建物であり、歴代住職の隠居後の住居でもあるので、たとえ良寛が気に入ったとしても、おいそれとは住めるところではなかったのではないでしょうか。

第二次諸国行脚

良寛は円通寺での修業時代の後半に諸国行脚（第一次諸国行脚）を行ったほか、円通寺を出てからも帰国してからも、五合庵に定住するまでの間に、全国各地で諸国行脚（第二次諸国行脚）を行ったようです。良寛は第二次諸国行脚を行い、自分として納得のできる悟境に至ったら諸国行脚を終え、生涯の修行道場の場とする草庵に定住し、托鉢僧として生きていく考えであったでしょう。

そして良寛が考えた定住の地はふるさと越後でした。

三十六歳の良寛は寛政五年（一七九三）の春には、冬を過ごした乙子神社草庵を出て、国仙和尚の三回忌に出席するため、備中玉島の円通寺に向かい、その後約二年間にわたり四国を皮切りに諸国を行脚していたのではないでしょうか。

第二次諸国行脚は、帰国の旅や、父以南や国仙和尚の一周忌、三回忌、七回忌といった法要のための上京の旅の際に、ついでにそこから足を伸ばして出かけた旅が多かったに違いありません。

良寛には、現在知られているだけでも、須磨紀行、京都紀行、高野紀行、吉野紀行などの旅日記がありますが、実は吉田町（現燕市）の溝の庄屋笹川家には、その他に膨大な量の旅日記があったといいます。あるとき、笹川家の当主の幼い子供が、習字の練習に使って墨で真っ黒にしてしまい、廃棄処分にされてしまったといいます。

全国各地の行脚の目的は、敬慕する西行や芭蕉の足跡をたどる歌枕の旅という面もあったでしょうが、国仙の弟子(良寛の兄弟子)に参見する修行の旅や、托鉢行脚という仏道修行でもあったはずです。また、独自の僧としての生きる方向は定めたものの、寺に住まず、住職にもならないで、托鉢だけで生きていけるかどうかという現実的な問題にも直面しており、この点を深く思索する時間でもあったかと思います。

そして何よりも、禅僧として、道元や唐代の祖師たちの教え・生き方・境地を完全に自分のものとしたことを確認するための、聖胎長養(しょうたいちょうよう)（悟後の修行）の最後の諸国行脚の旅であったのではないでしょうか。

国仙三回忌と土佐

寛政五年（一七九三）良寛三十六歳の年の春に、乙子神社草庵を出て、三月に国仙和尚の三回忌に参列し、その後に四国へ行き、国仙和尚の菩提(ぼだい)を弔うために八十八箇所の霊場を巡拝したのではないでしょうか。そして、高知城下の粗末な庵で『荘子(そうじ)』を読むなど、自分の生きる道を模索しながら、修行を続けていたときに、近藤万丈(ばんじょう)と出会ったのではないでしょうか。その年の冬は、温暖な四国で冬を越した可能性もあるでしょう。あるいは、四国へ行く前に中国や九州へも行ったかもしれません。帰国後に四国を目指した理由について、塩浦林也(しおうらりんや)氏の『良寛の探究』の中に、概ね次の内容の記述があります。「国仙和尚の遺風を求めての四国にいる兄弟子への参見とともに、帰国後に乞食行を始めたが、乞食行によって僧である自分と、一般の人々との間に生まれるべき仏教上の心の通じ合いが生じないことに悩んだ良寛は、四国巡礼には巡礼者の宗教的思いと、「お接待」によってそれを支える庶民の宗教的思いの融合があり、その「お接待」の場所には一つの安心境が成立していることを聞いていたことから、四国巡礼をしてみて「お接待」の場所での経験、そこでの見聞を生かそうと考え四国に行った」

関東・東北行脚

寛政六年（一七九四）良寛三十七歳の年の春になってから良寛は四国を立ち、関東へ向かったのではないでしょうか。関東では国仙和尚に学んだ玄乗破了（げんじょうはりょう）等の兄弟子に会い、参見を行ったのでしょう。その後は、米沢のほかに、西行のみちのくの旅や、芭蕉の奥の細道の旅をたどる歌枕の旅も目指したものの、四国や関東に長くいたせいか、白川の関から会津柳津（あいづやないづ）の圓蔵寺虚空蔵尊（えんぞうじこくぞうそん）まで足を伸ばしたときには、すでに秋になっていたのではないでしょうか。秋の柳津圓蔵寺での漢詩があります。

それでもなんとか上杉鷹山（ようざん）公の治世をこの目で確かめようと、米沢に向かったのでしょう。だが、米沢にはたどり着いたものの、秋が一層深まり、米沢から北の出羽三山や鶴ヶ岡などへ向かうことは諦（あきら）めて、いったん春までに越後へ帰国する途を選んだのではないでしょうか。その米沢へ行くまでの道中、あるいは米沢から越後に向かう米沢道中でしょうか、「米沢道中」と題する漢詩や、米坂線沿いの小国の玉川の宿でしょうか、「宿玉川駅」と題する漢詩があります。

良寛が米沢を目指した理由は何だったのでしょうか。天明の飢饉（ききん）の時にも餓死者（がししゃ）が極めて少なかった米沢藩の名君上杉鷹山(ようざん)公の治世を、是非一度この目で確かめてみようと、良寛ははるばる米沢を目指したのではないでしょうか。上杉鷹山公はケネディ大統領が最も尊敬する日本人として挙げた人物です。鷹山公が次の藩主に家督を譲る際に示した藩主の心構えが「伝国の辞」です。鷹山公は、大森子陽の師でもあった細井平洲(へいしゅう)を師として、その教えを守り、善政を行ったのです。

「伝国の辞」とは、次の三箇条です。

一、国家は先祖より子孫へ伝え候国家にして我私すべき物にはこれなく候

一、人民は国家に属したる人民にして我私すべき物にはこれなく候

一、国家人民のために立たる君にて君のために立たる国家人民にはこれなく候

鷹山公には次の歌もあります。

受けつぎて　国の司(つかさ)の　身となれば　忘るまじきは　民の父母

こうしてほぼ二年間の諸国行脚の旅を終えて、翌年**寛政七年（一七九五）良寛三十八歳の年**の初春に、いったん乙子神社草庵に戻ったのではないでしょうか。東北行脚は、乙子神社草庵時代ではなく、この約二年間の旅の中で行われたものではなかったかと私は確信しています。

諸国行脚の終了

東北行脚を終えて乙子神社草庵に戻った頃の漢詩が次の漢詩などいくつかあります。

両三年前別我去　　**両三年前　別れて我去り**

今日再来乙子社　　**今日再び来る乙子の　社(やしろ)**

料り知りぬ　遍参別事無く
眼根旧に依って双眉の下にあるを

料知遍参無別事
眼根依旧双眉下

（訳）
二・三年前にこの土地を離れ、私は旅だった
今再び、乙子神社に戻ってきた
そこでわかったことは、諸国を修行してきても、前と変わったことはなく
目玉は相変わらず二つの眉の下にあるということだ

「遍参別事無く　眼根旧に依って双眉の下にあるを」の句は、諸国行脚から戻っても以前と変わったところはなく、目玉は昔のまま二つの眉の下についているという意味です。そしてこれは道元の「眼横鼻直」の言葉を踏まえています。「眼横鼻直」とは、禅学大辞典によれば、「眼は横に鼻は縦に真っ直ぐあるということ。法が法位に住し、天真爛漫、法爾自然の姿をいう。柳緑花紅とも。」

道元は中国で如浄禅師のもとで身心脱落・大悟徹底を体験し、正法を嗣ぎ帰国しました。帰国の際「眼横鼻直を認得して空手還郷した」と語りました。「空手還郷」とは手ぶらで（仏典などを持たずに）故郷に帰ること。無一物の境界（悟りの境地）に達したということ。道元は仏法そのものになりきって帰国しました。仏法そのものになり

乙子神社草庵（昭和62年）

きることが「身心脱落(しんじんだつらく)」であり、「身心脱落」とは一切の束縛から離脱して、「眼横鼻直」というあたりまえのことをありのままに知ることです。良寛も道元同様に身心脱落、無一物の境界(きょうがい)にあることをこの詩で詠っています。

これらの漢詩から、東北行脚を終えて乙子神社草庵に帰って来た段階で、良寛は道元や唐代の祖師(そし)たちと同じ境界(きょうがい)であり、あるがままの自然や万物がそのまま真理であるという諸法実相(しょほうじっそう)を感得したことを確認し、諸国行脚の目的を達したと考えたようです。

諸国行脚を終えた良寛は、ふるさと越後の地で定住し、修行を続けながら、清貧の托鉢僧として、慈愛の心・愛の心で貧しい庶民に寄り添うという衆生済度(しゅじょうさいど)の菩薩行(ぼさつぎょう)を生涯続けたのです。

なお、曹洞宗では、道元の「莫帰郷(まくききょう)」の教え「出家した僧は故郷に帰ってはならない」という教えがあります。この教えは、唐代の祖師馬祖道一(ばそどういつ)が師の南嶽懐譲(なんがくえじょう)の法を嗣(つ)いだのち、仏法を弘めるためふるさとに帰ろうとしたが途中で引き返してきたとき、南嶽が馬祖に与えた偈(げ)「君に勧む、帰郷すること莫(なか)れ、帰郷は道行われず、並舎の老婆子(ぼす)、汝が旧時の名を説(と)かん」に由来します。曹洞宗として、布教先として安易に故郷を選ぶな、新天地を切り開けという教えなのでしょうか？　もしそうだとすれば、教団の教線拡大の目的のためには都合のよい教えでしょうが、教団を離脱し、托鉢僧として騰騰任運(とうとうにんぬん)に生きる道を選んだ良寛にとっては、この教えは無意味であり、托鉢僧として生きる場所として、ふるさとを選ぶことに何のこだわりもなかったはずです。

第五章　良寛の生き方

江戸時代の仏教界

江戸時代の仏教界は徳川幕府の寺請制度によって、檀家からのお布施の収入が安定的に保証される一方、宗教本来が持つ民衆の魂の苦しみを救う活動が下火となり、葬式や法事などの儀式に力を入れるようになりました。この本来の姿からかけ離れていわば堕落した現状を良寛は嘆いたのです。

僧伽

良寛は当時の仏教界に批判的な内容の「僧伽」という題の長文の漢詩を作っています。その一部を掲げます。

今釈氏の子と称し　行も無く亦た悟りも無し
徒らに檀越の施を費やし　三業相顧みず
首を聚めて大話を打し　因循旦暮を度る
外面は殊勝を逞しうし　他の田野の嫗を迷わす
謂ふ言好箇手なりと　吁嗟何れの日にか寤めん
縦ひ乳虎の隊に入るとも　名利の路を践む勿れ
名利纔かに心に入らば　海水も亦た澍ぎ難し

（訳文）

今、僧たちは仏弟子と称しているが、僧としての行い（衆生済度の行動）もなく、悟りを求めることもない。

ただ檀家から受ける布施を無駄遣いし、身、口、意のすべての行為を顧みることもない。

寄り集まると大口をたたき、旧態然のまま日を過ごしている。

寺の外に出ると、悟りきった顔つきで農家の婆さんたちをだましている。

そして「私こそ修行を積んだ力量のある僧である」と高言する、ああ、いつになったら眼がさめるのだろう。

例え子持ちの虎の群に入るような危険に身をさらされようと、決して名誉や利益への道を歩いてはいけない。

名誉や利益の念が少しでも心にきざしたら、海水のような無尽蔵の量を注いだとしても、なおその欲望は満たされない。


この漢詩は良寛の生き方を考える上で非常に重要なものであるため、良寛をよく理解していた鈴木文臺が、良寛の墓碑に刻む漢詩として選んだものです。

良寛独自の生き方の確立

良寛は円通寺での長い修行や、諸国行脚の修行を続け、仏の道に生きる僧としての自分の生き方を模索しました。そしてたどり着いた生き方は、堕落した当時の仏教界とは一線を画し、自らは清貧に暮らしつつ、生涯修行を続けるとともに托鉢僧として生きるという良寛独自のものでした。

良寛は曹洞宗門を離脱し、寺にも住まず、住職にもならず、乞食僧として生きました。当時の葬式仏教とは異なる、貧しくさまざまな苦しみをもって生きている多くの人々と真摯に向き合い、慰め励まし、その苦しみを救うという、釈迦牟尼仏を規範とする仏教本来の道を選んだためでした。

良寛は釈尊が説いた本来の仏教に立ち帰らなければならないと考えていたのでしょう。釈尊は大きな伽藍の寺に住むことなく、各地を托鉢しながら仏法を弘めました。

良寛も釈尊と同じ生き方を貫こうとしました。寺の住職になり、檀家からの布施で檀家以上の生活をするという当時の一般的な僧侶の生活とは縁を切り、托鉢によって生きていく道を選んだのです。

宗派や寺院という組織から離れ、一人の托鉢僧として生きていくことは、頻繁に災害や飢饉に襲われた江戸時代にあっては、決して生やさしいことではなく、茨の道であったと言えるでしょう。

また托鉢で村々をまわることは、多くの人々と触れ合うことが可能となります。そこで触れ合う人々に良寛はやさしい笑顔（和顔）とやさしい言葉（愛語）で接し、貧しくつらい日々の生活に疲れた人たちをなぐさめ、苦しみをやわらげていました。これが良寛の衆生済度の方法だったのです。

定住

良寛は三十五歳の時にいったん越後に帰国しましたが、その後も諸国行脚の修行の旅を続けました。三十七歳頃に東北行脚を終え、自分の悟りの境地が唐代の高僧や道元と同じであることを確認し、自分独自の生き方を確立した以上、諸国行脚を続ける必要性がなくなりました。

白隠禅師を導いた正受老人が悟りを得た後、飯山の草庵に定住して隠れ住み続けたように、良寛も定住を決意したと思われます。定住の地は、越後に帰国してからいろいろと探した結果、五合庵を選びました。五合庵こそ、清貧に暮らす居所としても、生涯の修行道場としても、理想の庵（いおり）でした。

生涯修行

円通寺で十年以上も厳しい修行を行った良寛は、三十三歳のときに国仙和尚から印可の偈（げ）を授かりました。それで修行は修了というわけではありません。道元の教えでは、修行は生涯続けなければならないのです。そして日々の水汲（みずく）みや柴（しば）刈（かり）りなどの清貧の生活すべてが修行なのです。

山中草庵独居

厳しい自然環境の山の中で、簡素な草庵に独居して生活することも重要な修行です。道元が雪深い越前の永平寺（えいへいじ）で修行を続けたように、良寛も雪深い国上山の五合庵や乙子神社草庵で修行を続け、人生の大半を過ごしました。五合庵や乙子神社草庵は、いわば良寛にとっての修行道場だったのです。

清貧の生活

良寛は、裕福な生活がしたくてもできずに結果として貧乏な生活しかできなかったのでは決してなく、名主の長男であったことから、裕福な生活を求めれば得られたにもかかわらず、清貧の生活をよしとして、自らの意志でその清貧の生活を選んだのです。

印可（いんか）の偈（げ）を受けた良寛は、一定の手続きさえ履（ふ）めば、住職となって寺に住み、檀家（だんか）からの布施で安定した生活を送ることができました。しかし良寛は、その生活を自ら放棄し、家々を托鉢して食を乞うという困難な清貧の生活をあえて選んだのです。

究極の清貧生活でありながら、坐禅と托鉢という修行に打ち込み、すばらしい和歌、漢詩、書を創作し、心豊かに充実した日々を五合庵や乙子神社草庵で過ごしたのでした。

エピソード　すり鉢

相馬御風氏の『大愚良寛』に次の話があります。

「季節はいつ頃かわからぬが、何でも月のいい晩景を選んで亀田鵬斎(ぼうさい)が五合庵に良寛を訪ねたことがありました。折から良寛は夕食を済ましたところらしかったが、鵬斎の顔を見るや否や、かたへにあった擂鉢(すりばち)を持ち出しそれに水を注いで洗足をすゝめました。鵬斎は驚いて「これは擂鉢(すりばち)ではないか」と云いました。良寛はそれに答へて「いかにも擂鉢(すりばち)だ、しかし味噌をすることができると同時に足を洗ふこともできるのではないか」と云った。それには鵬斎も返すべき言葉が無く、すゝめられるまゝにその妙な洗足器で足を洗って、上へあがったといいます。」

只管打坐

修行道場であった五合庵で、良寛は清貧に暮らすとともに、日に何回も坐禅を行う厳しい修行を続けました。ひたすら坐禅に取り組むことを只管打坐(しかんたざ)といい、道元のもっとも大切な教えなのです。

托鉢

托鉢も大事な修行方法です。諸国行脚の間はもちろん、五合庵に定住してからも、良寛は托鉢を毎日のように行いました。

五合庵

良寛は生涯無一物の清貧に生きました。そのシンボルともいえるものが簡素な草庵です。良寛が住んでいた頃の五合庵の屋根は、大村光枝の返歌から、杉の皮で葺いた粗末な屋根だったことがわかります。また、乙子神社草庵時代の歌があります。

吾が宿は　竹の柱に　菰すだれ　強いて食しませ　一杯の酒

この歌から、柱は竹で、柱と柱の間には菰（粗く織った蓆）が吊るされていたようです。また、戸も粗末なものであったことを示す歌もあります。

こと足らぬ　身とは思はじ　柴の戸に　月もありけり　花もありけり

こうした草庵に暮らす中、あまりの寒さに耐えきれなくなった思いも歌にしています。

埋み火に　足さしくべて　臥せれども　こたびの寒さ　腹にとおりぬ

五合庵

求めない心

良寛の草庵には家具らしいものはほとんど無く、最低限、必要な鍋や寝具ぐらいのものでした。良寛はお金やモノといった財産を所有しない生活を心掛けていたのです。また、お金だけでなく、地位、権力、名誉も一切求めない生活でした。しかし、世間の多くの人は、愛欲、煩悩のために、快楽、金、財産、地位、権力、名誉などを求めるばかりであると嘆く漢詩を多く詠んでいます。

名こそ惜しけれという名誉を重んじる価値観が重要視された時代風潮の中で、良寛にとっては名誉を求める心も捨て去るべき煩悩・欲望の一つだったのです。

あらがねの　土の中なる　埋もれ木の　人にも知らで　朽ちはつるかも

あらがねの…土の枕詞

知足

また良寛には、欲がなければ、すべてに満足できるという「知足」を詠った漢詩があります。

欲無ければ　一切足り　求むる有れば　万事窮まる
淡菜　饑ゑを療す可く　衲衣　聊か躬に纏ふ
独往して　麋鹿を伴とし　高歌して　村童に和す
耳を洗ふ　巌下の水　意に可なり　嶺上の松

（訳）

欲がなければ、すべてに満足できる、
求める気持ちがあれば、すべてが満足できずに行き詰まる。
菜っ葉でも飢えは満たされる、
僧衣はなんとか身にまとっている。
ひとりで山に出かけるときは、鹿たちと一緒に遊び、
大きな声で歌うときは、村の子供たちと一緒に歌う。
岩の下の流水で（俗塵で汚れた）耳を洗い清めれば、

嶺の上で風に吹かれる松の音は心地よい。

疑わない生き方

人を疑うということは自分が不利益を蒙（こうむ）ることを警戒することです。つまり利益を求める心があることが前提になっています。したがって、求める心がなければ人を疑う必要はありません。良寛は求める心を捨て去っていたため、人を信じて、決して疑うことがありませんでした。

怒らない生き方

ある仕打ちを受けて怒るということは、たとえば、財産を奪われる不利益や、暴力により肉体的苦痛を受けることに対して、自分の財産や肉体的な平穏を守ろうという意志が働き、相手に対して攻撃的・報復的になるために生ずる感情です。ところが、求める心を持たない良寛は、財産を奪われても（ほとんど財産らしきものを持っていないが）意に介せず、暴力により肉体的苦痛を受けても、暴力を振るう人に抵抗することなく、暴力が治まればそれでよしとしました。そして、相手に対して怒りの感情を持ったり、憎んだりすることがほとんどありませんでした。

エピソード　**渡し船から落とされる**

地蔵堂（燕市分水地域）の西川の渡し船でのことでした。意地悪（いじわる）な船頭がいて、良寛さんが温和でさからわない性格であると聞き、本当かどうか試そうとしました。良寛さんがたまたま渡し船に一人で乗りました。渡し船が岸を離れた頃、船頭がわざと舟を揺らしました。そうしたところ、良寛さんは川の中に落ちてしまいました。泳げない良寛さんは、溺れそうになりました。船頭は驚いて、良寛さんを川の中から船に救いあげました。

良寛さんは揺らされて川に落とされたことを恨んで怒るどころか、川の中から救い上げて助けてくれたことに対して、ひたすら船頭に感謝しました。その後、船頭は心を入れ替えて、意地悪な行いをしなくなったそうです。

エピソード

打たれても怒らない

良寛さんはかつて、田植えの頃に解良栄重の家に宿泊されました。智海というお坊さんがいて、うぬぼれて偉そうに常日頃言っていました。「私は人々のために、仏教の新しい宗派をひらく」と。自分を昔のとてもえらい僧と同じだと考え、他の僧侶たちを皆、子供扱いしていました。

そんな中、智海は良寛さんが多くの人々から尊敬されていることに、やきもちをやいていました。この日、智海は酒にひどく酔っぱらい、田植えをしたといって全身泥まみれになり、栄重の家にやってきました。良寛さんを見ると、怒りを爆発させ、あえて一言も言わず、不意に濡れた帯で良寛さんを打ちました。良寛さんは打たれる理由もわかりませんでしたが、逃げようともしませんでした。近くにいた人が驚いて智海を引きはなし、良寛さんを別の部屋に入れて、智海を家から追い出しました。

夕方になって、雨がしきりに降り始めてきました。良寛さんは、部屋を出てゆったりとして、「さっきのお坊さんは雨具を持っていただろうか」と気づかってたずねました。

ドロボウと間違われても弁解しない生き方

良寛にはドロボウと間違われて殺されそうになっても、決して弁解しなかったという奇禍逸話がいくつかあります。良寛には求める心・こだわる心がありません。だから、失うもの守るべきものがなく、疑われて不利益を被るおそれが生じても、たとえ命を奪われそうになっても、決して弁明をしませんでした。疑われることは自分の行動に原因があるのだから、自分の責任であるのだから、弁明はしないのです。その結果が不利益となっても、それは運命・天命であるとして受け入れ、ただ随うだけでした。

菩提薩埵四摂法

仏教経典や道元の『正法眼蔵』では、庶民を救うために庶民と接するにあたっては、「菩提薩埵四摂法」に基づくことを勧めています。江戸時代、農民は出家することが許されませんでした。そうした農民の苦しみを救うための方法のひとつが菩提薩埵四摂法でした。

「菩提薩埵」とは菩薩のこと、「四摂法」とは布施、愛語、利行、同事の四つの手段のことです。良寛は衆生を済度するために、この「菩提薩埵四摂法」を実践しました。良寛の布施、愛語、利行、同事は菩薩行だったのです。

托鉢と布施

良寛さんの托鉢は、家々でお経を唱えて、お米などをもらうだけでなく、人々と笑顔で接し（「和顔」といいます）、真心のこもった話をやさしい言葉で話しかけて（「愛語」といいます）、人々の苦しみを和らげるためでした。いわば、良寛さんにとっての托鉢とは、人々と触れあい、安らぎをあたえるもので、衆生済度の菩薩行だったのです。

良寛は托鉢を行うことで布施を行いました。托鉢とは財施と法施などが同時に行われることです。人々からお米やお金などの布施をいただくと同時に、良寛は人々に様々なものを施しました。法施、無畏施、和顔施、愛語施、仏徳施などです。

法施とは、托鉢の時に経文を唱えたり、仏の教えを話したりする布施です。

無畏施とは、仏法の真理を知ることで、不安や恐怖がなくなることを説いて安心させることです。

和顔施とは、やさしい慈愛に満ちた表情で相手と接することです。

愛語施とは、やさしい言葉で真心のこもった話を相手に話しかけることです。

仏徳施とは、厳しい修行を積み、高い悟境に達した良寛の清らかな心、慈愛に満ちた仏の徳を体現した人格に接した人々が自然に感化を受けることです。

良寛の托鉢での布施は法施、無畏施より、和顔施、愛語施、仏徳施が中心でした。

また、托鉢以外でも、和歌を詠みかわすことや、良寛の心を詠った詩歌を書いた書を無償で与えることも布施でした。子供たちに行動で教えを諭(さと)すことも布施でした。愉快な行動で笑いを与えることも布施でした。笑いは健康になる効果があり、人を幸せにします。

エピソード　**良寛さんの托鉢(たくはつ)に見張り**

良寛さんは托鉢(たくはつ)に出て村を一軒一軒回っても、ついうっかりして、家を素通(すどお)りしてしまうことがときどきありました。

良寛さんが托鉢に来ることを心待ちしている村人たちは、良寛さんが自分の家に立ち寄らずに通り過ぎないように、それぞれの家が皆、見張(みは)り番を出して、良寛さんが来るのを見張って待つようになりました。

愛語

真心のこもった話をやさしい言葉で相手と同じ目線で話しかける愛語を、良寛は非常に重視しました。良寛は決して言葉をおろそかにしませんでした。数多くの戒語（かいご）（戒め言葉）を残したのもそのためでした。良寛は、道元の『正法眼蔵（しょうぼうげんぞう）』の「愛語」を丁寧（ていねい）に書き写しています。それは次の文です。

愛　語

愛語ト云フハ、衆生ヲ見ルニマヅ慈愛ノ心ヲオコシ、顧愛ノ言語をホドコスナリ。オヨソ暴悪ノ言語ナキナリ。世俗ニハ安否ヲトフ礼儀アリ、仏道ニハ珍重ノコトバアリ、不審ノ孝行アリ。慈念衆生、猶如赤子（ゆうにょしゃくし）ノオモイヲタクハヘテ言語スルハ愛語ナリ。徳アルハホムベシ、徳ナキハアワレムベシ。愛語ヲコノムヨリハ、ヤウヤク愛語ヲ増長スルナリ。シカアレバ、ヒゴロシラレズミエザル愛語モ現前スルナリ。現在ノ身命ノ存スルアヒダ、コノンデ愛語スベシ、世々生々ニモ不退転ナラン。怨敵ヲ降伏シ、君子ヲ和睦ナラシムルコト愛語ヲ根本トスルナリ、向テ愛語ヲキクハオモテヲヨロコバシメ、ココロヲ楽シクス。向ハズシテ愛語ヲキクハ、肝ニ銘ジ魂ニ銘ズ。シルベシ愛語ハ愛心ヨリオコル、愛心ハ慈愛ヲ種子トセリ。愛語ヨク廻天（かいてん）ノ力アルコトヲ学スベキナリ、タダ能ヲ賞スルノミニアラズ。

沙門良寛謹書

この中の「**廻天ノ力**」とは天地をひっくり返す程の力という意味ではありません。忠臣が民を思う真心のこもった忠告を天子（皇帝）にすることで、天子の言動をも変えることもできるという意味です。

利行

相手を直接いたわり支えることが「利行（りぎょう）」です。

良寛は疲れたり体調の悪い農民に按摩（あんま）や灸をしたり、具合の悪い人には看病したりしました。

子供たちと一緒に遊んだのは、農作業で忙しい親に代わって、子供たちの面倒をみていた利行だったのです。

エピソード　**按摩（あんま）やお灸（きゅう）**

良寛さんは、毎日のように近在の村々に托鉢（たくはつ）に出かけました。そして立ち寄った家に農作業で疲れた人がいれば、按摩（あんま）やお灸（きゅう）をして、疲れを癒（いや）してあげました。

病気で寝込んでいる人がいれば、看病してあげました。

今日が親の命日（めいにち）だと聞けば、仏壇（ぶつだん）の前で読経（どきょう）してあげました。

同事

同じ境遇に身をおき相手に安らぎを与えることが「同事（どうじ）」です。

良寛が子供たちと一緒に遊んだことも、同事行（どうじぎょう）でした。

遊女とオハジキをして遊んだのも、辛い境遇にある遊女たちを慰めて救うための同事行でした。

良寛は親しい農夫とよく一緒に酒を酌（く）み交わしました。そのことを詠んだ漢詩もいくつかあります。

家中が和(なご)やかになる

良寛さんが解良栄重(けらよししげ)の家に二晩泊まりました。

その間、家の人々はみんな自然と和(なご)やかな気分になり、穏やかな雰囲気が家の中に充ちたりました。

良寛さんが帰られた後も、数日の間は家人たちはおのずと仲良くなりました。

良寛さんと一晩会話するだけで、胸の中がすがすがしくなることをおぼえました。

良寛さんはことさらに、仏教の教えを説いたりはしません。台所で火をたいたり、座敷で坐禅したりするだけです。

良寛さんの話は、むずかしい詩文のことや、人としての生き方などという教訓じみた話ではなく、日常生活に伴う平凡な話題でしかありません。

良寛さんは優游(ゆうゆう)(注)としているだけで、特別なことをしているわけではありません。

ただ、良寛さんの人徳が接する人々に良い影響を与え、気持ちを和やかにするだけなのです。

(注　優游　…　良寛さんがよく漢詩に使う言葉で、無心になってゆったりした様子をあらわす言葉)

自省の歌

良寛は、無欲の心、慈愛の心を持ち続けるために、常に我が身を振り返り、自分の言動が適切であったか否かの自省を行うという努力を怠りませんでした。その自省の心を歌った歌があります。

何故に　家を出でしと　折りふしは　心に愧ぢよ　墨染の袖

身をすてて　世をすくふ人も　在すものを　草の庵に　ひまもとむとは

人の善悪　聞けばわが身を　咎めばや　人はわが身の　鏡なりけり

座右の銘

「一生成香」（一生香を成せ）　良寛は、この言葉を座右の銘としました。

「生涯いい香りを発しながら生きよ」という、ある意味では、自分に対するきびしい戒めのことばです。この座右の銘によって、良寛は常に自分の心を奮い立たせていたのでしょう。一生努力して、清く正しく美しく生き、万人に慕われる人格者となった良寛はまさに「香を成した」のです。

戒語

良寛は、使ってはならない言葉を戒語（いましめことば）として、常に頭の中に箇条書きで整理して記憶していました。もちろん、時々は思い出して復唱していたでしょう。そして、親しい人に、それらの箇条書きを思い出して書き出して、与えたのです。

第六章　五合庵時代

五合庵入庵

寛政七年（一七九五）初春、越後に戻った三十八歳の良寛は、乙子神社草庵、いったん戻りましたが、かなり荒れていたのではないでしょうか。次の歌はその時の歌ではないかと考えています。

来てみれば　わがふるさとは　荒れにけり庭も　籬も　落ち葉のみして

そこで、前年に真言宗円明院の住職（十世）になった弟の宥澄（二十六歳）を訪ねて、いろいろと話をしたにちがいないと思います。その中で良寛は、同じ真言宗の国上寺に五合庵という理想的な草庵があり、国上寺の住職が隠居したら自分は他所に出るが、それまでの間は五合庵に住みたいという話をしたのではないでしょうか。その話を受けて、宥澄は国上寺に掛け合い、解良叔問や原田鵲斎の後押しもあり、その年から良寛は五合庵に入庵して住むようになったのではないでしょうか。

良寛が定住した五合庵は、国上寺再興の祖である万元上人の隠居のための庵として作られ、隠居した万元上人には、生活費として、一日につき米五合が贈られたことから、五合庵と名付けられましたた。当時は一人扶持が米五合でした。決して国上山の五合目にあった草庵という意味ではありません。

父の死

良寛の父以南は俳諧に打ち込み、全国各地に旅に出るようになりました。寛政五年（一七九三）には滞在していた直江津から由之に手紙を出した後、京都に向かいました。京都滞在中の**寛政七年（一七九五）七月**、以南は桂川で入水し自殺しました。享年五十九歳。原因はよくわかっていませんが、京都では脚気になり、生きがいだった旅ができなくなったこと等が影響したのかもしれません。良寛は京都で行われた四十九日の法要には出席していませんが、出雲崎の円明院で、弟の快慶（宥澄）とともに、四十九日の法要を営んでおり、この年は越後にずっと住んでいたと思われます。弟香（二十九歳）は、父の自殺を止められなかったことから、悲嘆のあまり、自身も桂川に投身しましたが未遂でした。香は当時の状況を日記『美遠都久志』に記述していました。

以南の辞世の歌が遺書にあります。

蘇迷盧の　山を形見に　立てぬれば　わが亡きあとは　いつらむかしぞ

蘇迷盧の山…須弥山

蘇迷盧の山とは立派に成長した良寛のことであり、「立派になった良寛を自分の形見に残したので、その良寛がいずれ世間に出て認められるだろう」との意と思われます。

入水する前に以南が良寛に与えた句の遺墨があります。

朝霧に　一段ひくし　合歓の花

この句に次の良寛の添え書きがあります

水茎の　あとも涙に　かすみけり　ありし昔の　ことをおもひて

水茎の…筆の

また良寛が持っていた以南の辞世の句もあります。

夜の霜　身のなる果てや　つたよりも

つたよりも…ずたずたに刻まれたような寄り藻

四十九日の時の良寛の句があります。当時、雁は死者の魂を運ぶと考えられていました。

蘇迷盧の　音信告げよ　夜の雁
われ喚びて　故郷へ行くや　夜の雁

以南一周忌

寛政八年（一七九六）良寛三十九歳の年の四月には、良寛が円通寺にいたことを示す資料があります。円通寺の『戎会決算帳』に「大愚維那」として、兄弟子の仙桂和尚とともに記録されています。国仙和尚の墓参と、翌年が国仙七回忌なのでその準備などのため、おそらく以南の一周忌の前に円通寺を訪ねたのでしょう。この年、良寛は国仙和尚の墓参と父以南の一周忌を兼ねて、五合庵を一時留守にして、関西方面に旅に出たものと思われます。おそらく良寛は、諸国行脚の旅を終え、禅僧としての独自の生き方を確立したこと、修行道場としての五合庵を終の棲家としたことを、倉敷の長連寺にある国仙和尚の墓前に報告したのではないでしょうか。

良寛は京都での父以南の一周忌の際に、弟（三男）の香（三十歳）から、以南の入水当時の様子をいろいろと聞きました。香は**寛政八年（一七九六）**中には東福寺に入り、出家しました。

国仙七回忌・以南三回忌

寛政九年（一七九七）良寛四十歳の年は、国仙和尚の七回忌であり、かつ、父以南の三回忌でもありました。この年の関西方面への旅の往路か復路に（おそらく往路に）、二十二歳の良寛が国仙和尚とともに円通寺に向かう際に、立ち寄った思い出の地である長野の善光寺に再び立ち寄り、そこで題が「再遊善光寺」首句が「曾従先師遊此地」の漢詩を詠んだものと思われます。善光寺でのこの漢詩は帰国の際のものではないことから、帰国の際に善光寺の次に糸魚川に行ったものではないと思われます。

この年、良寛は以南の三回忌法要を賦（ふ）した題が「中元歌」の漢詩を作りました。

五合庵での生活

良寛は国上山（くがみ）（燕市）の国上寺（こくじょうじ）境内の小さな五合庵に、四十歳から完全に定住するようになりました。五合庵では家具もほとんどなく、清貧に暮らしました。毎日、坐禅を行い、時には詩歌を詠み、書の練習をしました。山に薪や柴を集めに登り、谷川の水を汲み、草庵の周りには大根などの野菜も育てていました。

草庵での食事は、托鉢で得た米や近所の農民から貰（もら）った野菜を雑炊（ぞうすい）にしていました。

晴れた日には、近在の村々に托鉢に出かけました。途中、子供たちと出会うと、手まりやハジキ、草相撲、かくれんぼなどで一緒に遊びました。

素朴な村人とも気兼ねなく付き合い、食事をいただいたり、酒をともに飲んだりもしました。

五合庵

親しい友人たちの家では和歌を唱和したりしました。求められれば書を書くこともありました。生活に必要なものの多くは、良寛の友人たちからのいただきものでしたが、良寛は必ずお礼の手紙を出していました。

仮寓

五合庵は国上寺住職が隠居したら住む庵でした。国上寺の住職義苗の隠居に伴い、**享和三年（一八〇三）良寛四十六歳**頃から二年間くらいまでの間に、五合庵を退去し、各地で仮寓していました。癸亥（きがい）の年に野積村弘智法印山内と記された良寛の遺墨があります。癸亥は享和三年（一八〇三）にあたるので、その年に野積の西生寺（さいしょうじ）に仮寓（かぐう）していたものと思われます。

次の歌は、照明寺密蔵院（しょうみょうじみつぞういん）の良寛自筆の三十二霊を記した過去帳にあります。

終日（ひねもす）に　夜もすがらなす　法（のり）の道　うき世の民に　回（え）して向かはむ

回して向かはむ…冥福を祈る

『定本良寛全集第二巻歌集』（中央公論新社）によれば「文化元年（一八〇四）甲子（かっし）冬か同二年春までの作」とあります。従って、仮寓先の一つは照明寺密蔵院と考えられます。

友人たち

五合庵に暮らす良寛を支援したり、詩歌のやりとりなどで交流した友人たちがたくさんいます。

原田　鵲斎（じゃくさい）は、三峰館時代の学友で真木山（まぎやま）（のち中島）に住んだ医師でした。

かつて梅の花をともに楽しんだ原田　鵲斎（じゃくさい）の、真木山（まぎやま）の旧宅を訪ねた時の歌があります。

その上は　酒に浮けつる　梅の花　土に落ちけり　いたづらにして　上…昔　いたづら…むなしく

阿部定珍は、五合庵に近い渡部の庄屋で酒造業を営んでいました。良寛の二十一歳年少で、江戸に三年遊学し、和歌や詩文を好み、江戸の大村光枝と親しく交わりました。良寛とは互いに往き来して、たくさんの歌を詠み交わしたりしました。また、食料や様々な品物を贈って、良寛の生活を支えました。良寛の阿部家へのお礼の手紙が、良寛の書簡の中では群を抜いて多くなっています。

五合庵を訪れた阿部定珍が帰宅する際に、定珍を案じて詠んだ良寛の次の歌はよく知られています。

月よみの　光を待ちて　帰りませ　山路は栗の　毬のおつれば　月よみ…月の神

解良叔問は、当時の牧ヶ花村の庄屋を二十余年間務めました。良寛のよき理解者であり外護者（支援者）でした。良寛は、解良叔問のために法華経を筆写しています。

有願は、良寛と同じく曹洞宗の僧侶で白根（新潟市南区）の新飯田の円通庵に住んでいました。新飯田の中ノ口川沿いには桃の花がたくさんあり、良寛は次の歌を詠んでいます。

この里の　桃の盛りに　来てみれば　流れにうつる　花のくれなゐ

親しい法友であった有願も、**文化五年（一八〇八）**良寛五十一歳の年に、七十一歳で亡くなりました。

三輪左一は、与板の豪商大坂屋三輪家の五代多仲長旧の三男。家業の廻船問屋、商業に尽力し、大坂での米の取引で活躍しました。良寛とは、地蔵堂の大森子陽の学塾「三峰館」の学友でした。仏教に対する帰依も深く、良寛に禅を学ぶ法弟でもありました。**文化四年（一九〇七）**良寛五十歳の年の五月一日に亡くなりました。良寛は左一没後に、「左一の赴至る」と題した漢詩を詠んでいます。その中に、「我に参ずること二十年」という句があります。左一が良寛に参じて仏道修行を積んだ期間が二十年とすると、良寛三十一歳の年、天明八年（一七八八）ということになります。この年、円通寺で修行中の良寛は、紫雲寺の観音院の安居に参加し、宗龍禅師と相見しているので、その頃に左一は良寛と会い、良寛に参じて、仏道を学ぶようになったものと思われます。

良寛の仏道を唯一理解しており、後世に伝えてくれると期待した左一が、良寛より先に亡くなってしまいました。良寛の悲しみは非常に深いものがあったことでしょう。良寛の旋頭歌があります。

この里に　往き来の人は　さわにあれども　さすたけの　君しまさねば　寂しかりけり

さわに…多く　さすたけの…枕詞　まさねば…おられないので

大忍魯仙は、曹洞宗の僧侶で、良寛と漢詩を詠みあう友人でした。良寛の禅僧としての境地を高く評価したほか、押韻や平仄といった規則に縛られない良寛の漢詩を弁護しました。

文化八年（一八一一）良寛五十四歳の年、深谷の慶福寺の住職だった大忍魯仙は三十一歳の若さで亡くなってしまいました。三輪左一、有願、大忍魯仙と、相次いで知音をなくした良寛の悲しみはいかばかりだったことでしょう。

江戸の文人との交流

享和元年（一八〇一）良寛が四十四歳の時、江戸の国学者大村光枝が五合庵を訪ねました。良寛は万葉集や国学について、大村光枝から大きな影響を受けました。二人が唱和した旋頭歌（五七七五七七の和歌）があります。

山かげの　槙の板屋に　雨も降り来ね　さすたけの　君がしばしと　立ちどまるべく　（良寛）

忘れめや　杉の板屋に　一夜見し月　ひさかたの　塵なき影の　静けかりしは　（光枝）

良寛が五十二歳の時、江戸の漢学者で書家であった亀田鵬斎が信州から越後に入り、三年ほど越後に滞在して各地の文人と交流しました。五合庵に良寛を訪ねており、意気投合したらしく、お互い相手のことを述べた漢詩があります。江戸の著名な文人であった亀田鵬斎が良寛の書を高く評価したことから、良寛の書は越後でも評価されるようになりました。

エピソード　月見の松

ある秋の晴れた日、江戸の有名な儒者の亀田鵬斎が良寛さんのいる五合庵を訪れました。良寛さんは鵬斎の好物である酒を買いに出かけました。

ところが、いくら待っても良寛さんが帰ってこないので、鵬斎が山路を下りて迎えに出かけました。

すると、五合庵のすぐ下にある松の根元に、良寛さんが腰をおろして、こうこうと照る月を眺めていました。

「良寛さん、お酒はどうしました・・」と声をかけると、良寛さんは「月があまりにもきれいなので、見とれていたところだよ」と言いました。そして、あわてて走って、また酒を買いに行ったということです。いまでも、その松のあった場所は「月見坂」と呼ばれています。

弟の死

良寛が五合庵に住み始めて間もない頃に、弟（三男）の香が、**寛政十年（一七九八）**三十二歳で、末弟（四男）の宥澄（ゆうちょう）が**寛政十二年（一八〇〇）**三十一歳で、あいついで亡くなりました。橘屋の菩提寺円明院（えんみょういん）の住職だった宥澄が亡くなった頃、夢の中に弟が現れたという歌があります。

面影（おもかげ）の　夢に見ゆる　かとすれば　さながら人の　世にこそありけれ

離別した妻の死

橘屋が滅亡した後、橘屋の一族の鎮魂（ちんこん）のために、良寛が作った自選歌集『布留散東（ふるさと）』の中に、「岩室を過ぎて」という詞書きのある歌があります。

岩室の　田中の松を　けふ見れば　時雨（しぐれ）の雨に　濡（ぬ）れつつ立てり

松の木は擬人化したもので、時雨に濡れて立つとは、茫然と悲しみの涙を流して立ちすくんでいる姿でしょう。その人とは誰か。私は、名主見習役時代に結婚し、半年後に良寛が実家を出奔する際に、やむなく離別せざるを得なかった妻ではなかったかと思います。仲睦まじく暮らしていた愛する新妻と、父以南が妻の実家への借金を返済しないことや、自分が出奔することから、離別せざるを得なくなったのです。ある秋の日の朝、別れの悲しみの涙を流して茫然と立っていた妻の姿が、良寛の脳裏に焼き付いて生涯忘れることはできなかったのでしょう。『布留散東（ふるさと）』の中の順番から、この歌は帰国してまもなくの頃の歌でしょう。そして岩室とは、離別した妻の実家関根小左衛門家がある白根の茨曽根（いばらそね）に比較的近い場所なのです。帰国して落ち着いてから、彌彦（やひこ）神社を参拝した後、良寛は実家に戻り一人寂しく暮らしている離別した妻が住む茨曾根の付近まで托鉢に出かけたのではないでしょうか。離別した妻と逢うことはかなわなくても、住んでいる家の周りを歩いてみたいとでも思ったのかもしれません。茨曾根を目指して、岩室を歩いていると、田の中の一つ松の木が濡れて立っている姿が目に入ったのでしょう。そのとたん、離別した妻が別れの朝、哀しみの表情で涙を流して立っていた姿が強烈に甦（よみがえ）ったのではないでしょうか。自分のせいで妻と離別することになり、心ならずも離別させられた妻への懺悔（さんげ）の思いを生涯抱き続けた良寛は、朝に濡れて立っているものを見ると、別れの日の朝に、涙に濡れて立っていたかつての妻の姿を、必ず思い出してしまうのではないでしょうか。

良寛が出奔する際に離別した妻は、その後実家である白根茨曽根（いばらそね）の関根小左衛門家に戻りました。実際には、関根小左衛門家の本家である茨曽根の大庄屋の関根五左衛門家の別の分家に預けられて暮らしたようです。江戸時代は出戻りの女性は、世間体を憚（はばか）って肩身の狭い思いをしながら、再婚することなく、ひっそりと暮らさざるを得なかったのです。離別した妻には茨曽根にもどってから、しばらくして女の子が生まれましたが幼くして亡くなったともいわれています。

その離別した妻は、**寛政十二年（一八〇〇）良寛四十三歳**の頃に没しました。享年不詳ですが、仮に良寛の二歳年下だと仮定すれば、四十一歳だったことになります。

離別した妻への想い

塩浦林也氏は『良寛の探究』の中で、次の歌も、離別した妻の姿を表していると解釈しています。

秋の野に　我が越え来れば　朝霧に　濡れつつ立てり　女郎花(おみなえし)の花

この歌は、良寛が五十二歳の頃、病臥して、原田鵲斎(じゃくさい)宅で療養していたときに詠まれた「秋の野十二首」の筆頭の歌です。良寛が四十三歳の頃、離別した妻は白根の茨曽根(いばらそね)で一人寂しく亡くなりました。「秋の野十二首」の連作は、自分のせいで不幸な人生を送らざるを得なかった亡くなったかつての妻への想いを詠ったものであったに違いないと思います。

「秋の野十二首」の連作の中には、次の歌など小牡鹿(さおしか)を詠んだ歌が三首もあります。

5　秋萩の　散りの乱(まが)ひに　小牡鹿(さおしか)の　声の限りを　振り立てて鳴く

万葉集では女郎花(おみなえし)は女性を、そして萩の花は牡鹿の花妻を表します。良寛は薄倖だった妻を失って悲しむ自分の姿を、いなくなった牝鹿を求めて哀しげに鳴く小牡鹿(さおしか)に象徴させているのではないでしょうか。ちなみに「秋の野十二首」の残りの十首は次のとおり。

2　振り延(は)へて　わが来(こ)しものを　朝霧の　立ちな隠しそ　秋萩の花　　ふりはへて…わざわざ
3　この岡の　秋萩すすき　手折(たを)りもて　三世(みよ)の仏に　いざ手向(た)けてむ
4　秋の野の　草葉(くさば)に置ける　白露を　玉に貫(ぬ)かむと　取れば散りけり
6　秋萩の　散りか過ぎなば　小牡鹿は　臥所(ふしど)荒れぬと　思ふらむかも　　ふしど…寝床
7　秋の野の　百草(ももくさ)ながら　手折(たを)りなむ　今日の一日(ひとひ)は　暮(く)れば暮るとも
8　百草の　花の盛りは　あるらめど　下降(したくだ)ち行く　我ぞ羨(とも)しき　　したくだち…老いて
9　秋の野の　美草(みくさ)刈り敷き　ひさかたの　今宵(こよひ)の月を　深(ふ)くるまで見む　　ひさかたの…枕詞
10　秋の野の　尾花に交(まじ)る　女郎花(おみなえし)　今宵(こよひ)の月に　移しても見む　　移しても見む…染めてみたい

11　**秋の野に　うらぶれをれば　小牡鹿の　妻呼び立てて　来鳴き響もす**　うらぶれ…悲しみに沈んで

12　**たまぼこの　路惑ふまで　秋萩は　咲きにけるかも　見る人なしに**　たまぼこの…枕詞

良寛の離別した妻の実家には、「梓弓」という名の良寛の歌集があったといいます。良寛が離別した亡き妻の実家に贈ったと思われる歌集の題を「梓弓」としたことについては、放たれた矢と同じように、一度離別してから元に戻ることがなかったこと、そして良寛の胸が張り裂けるほどの思いから、「梓弓」と名付けたのではないでしょうか。また、梓巫女は梓弓の弦を打ち鳴らして、死者の霊を呼び寄せるといいます。良寛は亡き離別した妻を供養する歌集の題を「梓弓」とすることで、亡き妻を呼び寄せて語りかけたかったのでしょうか。

萬羽啓吾氏の『良寛　文人の書』（新典社　平成十九年（二〇〇七））に掲載された歌集「梓弓」題字の写真の梓弓という文字を見ると、良寛の沈痛な思いが伝わってくるようです。

生家橘屋の没落

橘屋が住民に過剰な負担を求めたという事案について、以前から一部の町民たちから代官所に訴えられてトラブルとなっていました。そしてついに、**文化二年（一八〇五）良寛四十八歳の年**、出雲崎の住民が橘屋（由之）を水原奉行所に訴え出ました。このころ、訴訟騒動のストレスからか、由之は酒と女のすさんだ生活をしていたらしく、家族から諫めてほしいと頼まれた良寛は、橘屋の座敷に座り、一言も発しないで、かつて詠んだ次の歌だけを詠み上げたといいます。

来てみれば　我がふるさとは　荒れにけり　庭も籬も　落葉のみして

この歌を、自分の代わりに名主となり苦労している弟由之に与え、良寛が名主の責務を果たさなかったことが橘屋の衰運の一因であったことを暗に認め、弟由之をやさしく励ましたのです。

また、良寛は由之に大酒と飽淫（ほういん）は命を切る斧（おの）のようなもの、決して過ごしてはならないという内容の手紙（人は三十、四十を越へては衰へ行くものなれば、随分御養生遊ばさるべく候…）も出しています。ワラジと涙の逸話もこの頃でしょう。

エピソード　**ワラジと涙**

良寛さんの甥（おい）（弟の由之（ゆうし）の長男）馬之助が放蕩（ほうとう）（悪い遊び）をしているといううわさが広まり、心配した母親が馬之助に説教してくれるよう良寛さんに頼みました。

良寛さんは生家橘屋に出かけました。しかし、いざ何か言おうと思うと、どうしても言葉がでません。そのまま三日が過ぎ、良寛さんは暇（いとま）を告げ、ワラジを履（は）こうとしました。

その時、良寛さんは馬之助を呼び、ワラジの紐（ひも）を結んでくれるように頼みました。馬之助は言われたとおりにワラジの紐を結び始めました。

そのとき、馬之助の首筋に良寛さんの涙が一滴落ちたのです。馬之助は、はっとして見上げました。良寛さんは、頬（ほお）に涙を伝わらせながら、黙ったままじっと甥の顔を見つめていました。そして無言のまま生家橘屋を立ち去りました。

その日以来、馬之助は立ち直って、まじめな生活を送ったそうです。

文化四年（一八〇七）良寛五十歳の年、良寛は中山の西照坊（さいしょうぼう）に仮住（かじゅう）していました。おそらく実家の近くに移り住み、訴訟騒動で揺れていた橘屋の一族を見守るためであったでしょう。

同じ頃と思われる良寛の歌があります。

ふるさとの人の山吹の花見に来むと言ひおこせたりけり　盛（さか）りには待てども来ず　散りかたになりて
人…橘屋の主である由之　言ひおこせたり…言って寄こした　散りかた…ちり頃

山吹の　花の盛りは　過ぎにけり　ふるさと人（びと）を　待つとせしまに

待つとせしまに…待っていた間に

由之は良寛に山吹の花見に行こうと言っていたが、訴訟騒動の渦中にいたためか、約束を果たせなかったのです。

文化七年（一八一〇）良寛五十三歳の年の十一月、ついに裁判の判決が出ました。由之は橘屋の家財没収のうえ、所払い（追放処分）という内容で、橘屋の完全な敗訴でした。生家橘屋は没落しました。橘屋に裁判の判決が下る前後に、由之の妻　やす　と町年寄高島伊八郎に嫁いだ妹　たか　が亡くなりました。訴訟騒動に巻き込まれたための心労がたたったのかもしれません。

由之は判決が出た後、尼瀬の隣の石地（いしじ）に隠れ住みました。その石地に向かうとき、橘屋は没落したのに、なお由之は「またきっと出雲崎に戻ってくる」とリベンジを誓いながら去って行ったのでしょう。その姿があまりにも痛々しかったのか、良寛は次の歌を詠みました。

越(こし)の海　人を見る目は　尽きなくに　また帰り来(こ)むと　言ひし君はも　　見る目…海松藻(みるめ)の掛詞

名門橘屋を消滅させてしまった由之の無念はいかばかりかと、その身を案ずるあまり、**文化八年（一八一一）の初春**、良寛は由之を夢に見ました。

いずくより　夜の夢路を　たどり来(こ)し　み山はいまだ　雪の深きに

橘屋の一族を襲った悲しみを癒やすためか、良寛は**文化九年（一八一二）頃**に、自筆稿本の歌集『ふるさと』や漢詩集『草堂集貫華(かんげ)』などを、没落した橘屋の一族のための鎮魂歌(ちんこんか)として作りました。

由之への励ましの手紙

良寛は石地に身を隠した由之に次の連作歌「たらちね三首」を贈りました。

この頃出雲崎にて　（良寛五十四歳　由之宛手紙）

①たらちねの　母が形見と　朝夕に　佐渡の島辺(しまべ)を　うち見つるかも

②往古(いにしえ)に　変わらぬものは　荒磯海(ありそみ)と　向かひに見ゆる　佐渡の島なり

③草の庵(いほ)に　足さし伸べて　小山田(を)の　蛙(かわづ)の声を　聞かくしよしも

①の歌の、佐渡は母の故郷です。塩浦林也氏は『良寛の探究』の中で、この歌は一家を支えていた母秀子が、佐渡の島べを見やることだけが、心の重苦しさから解放されるひとときであった、そのことを踏まえた歌であると解釈されています。

良寛と由之の兄弟ならば、佐渡を眺めていた母の姿をともに知っている。苦しみに耐えて佐渡を見ていた母の姿を思い出して、お互いにがんばろうと由之を励ます歌でしょう。

②の歌は、荒磯海と佐渡の島以外は変わったということ、すなわち橘屋が消滅したことを念頭に置きつつ、二人の兄弟にとって、荒磯海＝父と、佐渡の島＝母の、共通の思い出は変わらずに残っているということを詠んだもので、橘屋が衰退していく中、荒々しく必死に生きた父の姿と、やさしいながらもじっと苦労に耐えて頑張り続けた母の姿は、二人の兄弟にとって忘れることのできない思い出ではないか。その姿を思い出して、お互いがんばろうと由之を励ましている和歌であると思われます。

③の歌は、良寛が自分の騰騰任運、優游たる草庵での生活を詠んだものです。故郷出雲崎に執着し、リベンジと復活を望んでいる由之に対して、現世での栄華の夢など捨てて、大村光枝から学んだ和歌や国学の道に進むなど、自分と同じように草の庵で隠栖して、余生をゆったりと過ごしたらどうか、と誘いかけている和歌であると思われます。

若者たちの訪問

良寛の人格と詩歌書のすばらしさは徐々に越後の国中に知られるようになりました。そして、良寛を尊敬し慕う前途有望な若者たちが、五合庵に良寛を訪ねるようになりました。

長善館を設立した鈴木文臺とその兄桐軒、巌田洲尾、井上桐麿、坂口文仲などです。

第七章　乙子神社草庵時代

乙子神社草庵への移住

文化十三年（一八一六）良寛五十九歳の時、五合庵から少し下った乙子神社草庵に移住しました。

理由は、薪水（しんすい）の労が老いの身にこたえるようになったからか、五合庵が老朽化したためか、あるいは遍澄（へんちょう）が弟子入りして身の周りの面倒を見るようになり、五合庵が手狭になったからでしょう。

良寛芸術の円熟

乙子神社草庵時代は、良寛の芸術がもっとも円熟したときでした。和歌は万葉調さらには良寛調といわれるほどであり、書もまた、点と線の調和の美しい独特の草書を書いています。

趙州録

エピソード　**書を書いてくれとしつこくせがまれた話**

新潟町の飴屋万蔵（あめやまんぞう）という者が、良寛さまの書を信奉し、店の看板にするための書をぜひ書いてもらいたいと願っていました。あるとき良寛さまが新潟の街にやってきました。

万蔵は紙筆を携え、良寛さまを追いかけて、ようやく地蔵堂のとある家で良寛さまに追いつきました。そこで何回も何回もお願いして、やっと看板の文字を書いてもらいました。
良寛さまはその日、ある人に語って言いました。「私は今日、災厄に遭った」と。

維馨尼との交流

全国でも屈指の豪商である与板の大坂屋三輪家の六代多仲長高の娘おきしは、良寛の三峰館時代の親友三輪左一の姪で、良寛より六歳年下でした。良寛は三輪左一とともに与板の八幡宮まで手を取り合って歩いて行ったことを漢詩に詠んでいることから、十代の三峰館時代に良寛が与板の大坂屋三輪家を訪ねたことは確実でしょう。そして、おそらくてそこで、かわいい少女のおきしちゃんに会っているはずです。お互いにある意味で幼なじみだったと言ってもよい関係だったと思います。

おきしは長じて、与板の豪商和泉屋山田家の当主杢左衛門重富に嫁ぎました。重富は良寛の親友だった杜皐の兄でした。しかし、夫が若くして亡くなった後、おきしは三輪家に戻り、徳充院と号しました。徳昌寺の虎斑和尚の弟子となって出家・剃髪してからは、維馨尼となりました。

維馨尼は頼りにしていた叔父の左一を亡くして、心痛のあまり病気がちになっていたのか、良寛は維馨尼に**文化四年（一八〇七）**十月八日付けで、病気見舞いの手紙を出しています。

「中山より

三輪　徳充院老　良寛

御病気いかがござ候や。随分心身を調ふるようにあそばさるべく候。

油一とくりたまはるべく候。　十月八日」

油は行灯用で、維馨尼が良寛に、左一供養のための写経でも依頼したのかもしれません。

天寒自愛

当時、明版を復刻した日本版の大蔵経（黄檗版）が刊行されており、**文化十四年（一八一七）**に、徳昌寺の虎斑和尚はその購入資金の募金を始めました。そのため、虎斑和尚の弟子の維馨尼は、五十四歳の女の身でありながら、寒さ厳しい冬にはるばる江戸へ勧進（募金）に出かけました。

それを聞いた良寛は維馨尼の志に感激するとともに、維馨尼の身を案じて、**文化十四年（一八一七）十二月二十五日**に、詩や和歌を書いた手紙を送りました。良寛が女性に贈った唯一の漢詩です。維馨尼は和歌にも長じており、漢詩も読めたほどの教養を身に付けていました。

君　蔵経を求めんと欲し
遠く故園の地を離る
吁嗟　吾何をか道はん
天寒し　自愛せよ
十二月二十五日　良寛
江戸にて　維馨尼

乙子神社草庵

（訳）

あなたは大蔵経の購入費用を求めに、
遠く故郷を離れて、江戸に出向かれた。
ああ、あなたの尊い志に対して、私は何を申し上げようか。
寒い季節です、身体（からだ）をいたわってください。

良寛は年が明けた文化十四年（四月に文政に改元）（一八一八）正月十六日にも、維馨尼に漢詩と和歌の手紙を出しています。

正月十六日の夜

春夜　二三更
等間　柴門（さいもん）を出づ
微雪　松杉（しょうさん）を覆ひ
弧月　層巒（そうらん）を上る
人を思へば　山河遠く
翰（かん）を含んで　思ひ万端（ばんたん）たり
月雪は　いつはあれども　ぬばたまの　今日の今宵（こよい）に　なほしずかけり
与板大坂屋　　良寛
維馨老尼

（漢詩の訳）

春の真夜中、ふらっと庵から外に出た。
微かな雪が松や杉を覆い、
月が重なった山々の上にのぼった。
山河を遙かに隔てた江戸にいるあなたのことを思うと、
筆を持っても、思いが沢山こみ上げてきて、筆が進みません。

この心温まる二つの書簡は、維馨尼が亡くなるまで大切に保管していたため、今に伝わっています。

請蔵南行爛葛藤

文政元年（一八一八）良寛六十一歳の年、伊勢の松坂の書店に明版大蔵経九千余巻のあることを知るや、虎斑和尚は、急遽購入する決心をし、**十一月**、伊勢松坂に向けて旅立ちました。

書店に内金五十両を渡し、明版大蔵経の一部を弟子と二人で担いで帰って来ました。明版大蔵経の代価二百二十両の未納金百七十両と運賃等の経費を支払うため、その後も虎斑和尚は不足分の募金に奔走しました。

『請蔵南行爛葛藤』という、虎斑和尚が、明版大蔵経を請来するために、伊勢松坂まで往復したその苦労を綴った紀行文があります。昭和五十五年に与板町の徳昌寺と良寛歌碑保存会によって発行された『請蔵南行爛葛藤』の復刻本の解説編（大谷一雄解読、浅田壮太郎注解）によると、『請蔵南行爛葛藤』は、序文編、本文編、跋文編に分けられ、跋文編には良寛の漢詩、由之の和歌、維馨尼の和歌など、二十人の送行餞別の作品が収められています。

虎斑和尚の募金は明版大蔵経購入金額に達せず、島崎の能登屋木村元右衛門から不足分を借財して代金を支払いました。ところが、虎斑和尚は借金を木村家に返済できず、大蔵経の所有権が木村家に移ろうとしました。しかし、その徳昌寺と木村家の間に立った良寛のすすめにより、木村元右衛門は徳昌寺への貸し金を帳消しにしました。

万葉集略解と維馨尼の死

阿部定珍から万葉集に朱註の書き入れを頼まれた良寛は、九代三輪権平が所持している全三十冊の高価な『万葉集略解』を借りるために、**文政二年（一八一九）十月十日**、維馨尼に口添えを頼む手紙を出しています。

真冬の江戸への長旅がたたったため、その後寝込んだのか、その手紙は維馨尼の病気を気づかった内容です。

先日は久々にてお目にかけ大慶に存知奉り候。僧もこの頃無事に帰庵仕り候。今日、御話申し候万葉、借りに人遣はし候。権平老によろしき様にお申し下さるべく候。なほまた寒中、御保養第一に遊ばさるべく候。

十月十日　良寛

徳昌寺

維馨老

次の十一月二十日付の維馨尼あての良寛の手紙も、文政二年（一八一九）のものかもしれません。

此の冬はあまり寒くもなく、無事に打暮し候。僧庵遊ばされ（注）候はば、如何にござ候。少し寒気をふせぐご用心遊ばさるべく候。来春托鉢のおり参上仕り、御目にかかり、お話し申し上げ度候。早々。以上。

（注　僧庵遊ばされ…寺にこもられ）

十一月二十日　良寛

維経老

維馨尼は、病が癒えることがなかったのか、**文政五年（一八二二）に五十九歳**で没しました。徳昌寺の維馨尼の墓碑には、「萬善維馨禅尼」の六字が刻されています。

妹や友人の死

乙子神社草庵時代にも良寛の妹　むら　や由之の長男・馬之助の妻　ゆう、さらには大村光枝、解良叔問、維馨尼などの親しかった人たちが亡くなっています。

毎年のように雪海苔（冬に採れる岩海苔）を送ってくれた妹の　むら　が亡くなった時に良寛は次の哀傷歌を詠んでいます。

春ごとに　君が賜ひし　雪海苔を　今より後は　誰か賜はむ

寺泊の外山家に嫁いだ　むら　は、着物のほころびを縫ったり、なにかと良寛の身の周りの世話をしてくれました。むら　の死が、良寛が国上山を離れざるを得なくなった大きな要因かもしれません。

第八章　木村家庵室時代

木村家庵室への移住まで

良寛は国上山の乙子神社草庵から、島崎の木村家の庵室に移住しました。乙子神社草庵から木村家庵室へ移転した時期は、**文政九年（一八二六）良寛六十九歳の年の、九月六日頃**でした。生きているはらから（兄弟）は、六十四歳の由之と五十歳の　みか　だけでした。

では木村家庵室への転居の理由は何であったのでしょうか。解良栄重の『良寛禅師奇話』では「薪水ノ労を厭フ」とあり、鈴木文臺も同様のことを言っています。

しかし、良寛は国上山への愛着が非常に強く、国上山麓から引っ越すことは、最初はあまり考えてはいなかったのではないでしょうか。

谷川敏朗氏の『良寛の書簡集』によれば、「寺泊町引岡の小林与三兵衛は、**文政九年（一八二六）五月**に良寛を訪問して、寺泊町吉の源右衛門が良寛のために新しい庵を作りたい旨を告げており、それに対して良寛は、前よりありし庵ならば宜しかれども、新しく造るには、いや、と申され候という

また、良寛に**7月4日付け**の了阿あての次の手紙があります。

「今日はわざと人遣はされ、委細承り候ふ処、御地へ住庵致すようにとの思し召しに候。野僧、近ごろ老衰致し、何方へも参る心これなく候。何卒その儀は、然るべき人にお頼み遊ばされ下されたく候。以上。　七月四日　　良寛　」　宛名の了阿が何者かについて、寺泊町の回船問屋で町年寄だった外山茂右衛門が出家して良阿と号しているのではないかという説があります。了阿が良

阿だとすれば、良寛を乙子神社草庵から寺泊に移住させようと誘った良阿の手紙への、これは良寛の断りの返事だということになります。

寺泊町吉（よし）の源右衛門の申し入れに対しては、新しい庵を造るという申し入れを、逆手にとって新しい庵であれば「いや」であると断り、良阿からの誘いに対しては、自分の老衰を理由に断っています。この時点で良寛が断っているということは、まだ転居を望んでいなかったのではないでしょうか。

なお、良寛が老衰を理由に転居を断っているということは、老衰のためではない何らかの理由で移転しなければならない事情があったことを暗示しているのではないでしょうか。

三宅相馬

木村家への転居の理由を考えるにあたって、重要な点が二つあります。一つは転居先が最終的には島崎の木村家であり、他に転居を勧めた二人はいずれも寺泊の人物だったという点。もう一つは、良寛を尊敬していたであろう村上藩三条役所の三宅相馬（みやけそうま）が**文政八年（一八二五）良寛六十八歳の年**に三条を去っている点です。村上藩の三宅相馬が三条に赴任した**文化十三年（一八一六）**は五十九歳の良寛が五合庵から乙子神社に転居した年です。前田喜春氏の「良寛と村上藩士三宅相馬」（『良寛』第二十五号平成六年）によれば、三宅相馬は良寛より四十三歳も年少でした。当時、三条から国上山あたりは村上藩の飛び地でした。三宅相馬が十六歳という若さで、郡吏（ぐんり）として三条に赴任し、九年後の**文政八年**

良寛禅師庵室跡碑

（一八二五）に三条を去るとき、六十八歳の良寛は二十五歳の三宅相馬と相見し、和歌を二首贈りました。この人なら、領民を慈悲の心で治めてくれるのではないかと期待したのでしょう

うちわたす　県司に　もの申す　ものと心を　忘らすなゆめ

うちわたす…衆生を済度する　もとの心…領民を慈しむ心　忘らすなゆめ…決して忘れないでください

幾十許ぞ　珍の御手もて　大御神　握りましけむ　珍の御手もて

いくそばく…どれほどか多く　うづの…尊く立派な　大御神…厳かな神　握りましけむ…人々を治めただろうか

その後、清廉潔白、質直廉勤であった三宅相馬は良寛の期待によく応え、郡吏から郡奉行、典客兼砲術師範となり、四十歳ころから儒学に励み、詩文をよくしました。五十一歳で、いったん辞職しますが、五十八歳の時に、藩の財政を救えるのは相馬しかいないということで、やむなく大阪に派遣されて、藩債の処理に当たりました。**万延元年**（一八六〇）六十歳で没しました。

三宅相馬は尊敬する良寛を何かとかばっていたのではないでしょうか。

村上藩主を諫めた良寛

良寛は村上藩から何かと目を付けられていたのではないでしょうか。

玉木礼吉氏の『良寛全集』におおむね次の内容の逸話があります。

「国上山は村上藩の飛び地でした。村上藩のお殿様は狩猟が好きでよく狩猟に出かけました。あるとき良寛が山を下ると、村人が総出で道路を整備していました。良寛がその理由を聞くと、村人は声を潜めて言いました。お殿様がこれから狩猟に来られるのです。今は百姓にとって秋の収穫の真っ最中で

とても忙しいのですが、お殿様の命令なのでしかたなく道路を整備しているのです。それを聞いた良寛は、「村人のために、お殿様が狩猟に来るのを止めさせましょう」といいました。村人は全員が言いました。「おたのみします。おたのみします」と。良寛は立て札を作らせ、その立て札に和歌を書かせました。「　**短か日の　さすかぬれきぬ　乾しあへぬ　青田のかりは　心してゆけ**　」

そこにお殿様を乗せた駕籠が来ました。お殿様はこの立て札をじっと見つめてから、駕籠を引き返させました。このとき以降、狩猟に来られることはなかったといいます」

この話ははたして事実でしょうか。立て札に村上藩主の秋の狩猟を諫める歌を書くということは、極めて大胆な事です。「公儀のさた」などを戒語で誡めていた良寛が、そのような直訴じみた過激な行動を実行したのでしょうか。この逸話には疑問もないわけではありませんが、良寛の差別・搾取されていた農民への慈愛の気持ちは強く、時としてこのような農民を身をもってかばう言行が多々あったのでしょうか。また、当時既に良寛の名は高くて、良寛を支援する人も多く、藩主といえども無視できない存在であったこともうかがわせます。直接、法に触れる行為がなければ、おいそれとは良寛を取り調べて、罪科を負わせることはできなかったのではないでしょうか。それにしてもこのような行動に出る良寛は、村上藩からなにかと目を付けられていたのではないかと思われます。

乙助

北川省一氏の『良寛遊戯』に次の記述があります。

「名宛て人は不明であるが残された良寛の書簡の中につぎの一枚があった。

「一筆申上候　然らば乙助しばられ候はゞはやく御しらせ可被下候。八日」

良寛壮年の頃の勇気凛々たる筆であった。乙助が何者であったか、事情がどのようなものであったかは全く判らないが、乙助は指名手配された被疑者であるが、それが捕縛されたならば、駆けつけて行って役人と掛け合い、弁護してやりたいという決意がありありとうかがえるような文面であった。」

谷川敏朗ほか編『定本良寛全集第三巻』に次のような説明があります。「乙助は現在の燕市溝、もと士族であった溝口乙助であるという。早川玉吉氏によると、新発田溝口藩の乙助は、ある事件によって打ち首になるところ、脱藩して溝に身をひそめていた。そこで役人たちは、乙助の行方を追っていた。藩の追及が厳しくなったので、良寛はもし乙助が捕らえられたら役人に弁護してやろうとしていたのだという。同地の「宗門帖」をみると、安政二年(一八五五)乙卯に乙助は「四十二」とあり、万延二年(一八六一)辛酉には「四十八」とあるから、文化十一年(一八一四)甲戌生まれとなろう。良寛が役人の誤解をといてやったためか、乙助は同地で安らかに生涯を終えたという。」

移住を迫られた良寛

良寛には、このように役人から追われる者をかばう行動が時にあったのでしょうか。もしそうだとすれば、代官所の役人からは、相当危険人物視されていたのではないでしょうか。

三宅相馬が三条を去ってからは、良寛をかばう者がいなくなり、良寛への圧迫が強くなり、良寛はついに、村上藩領の国上山にいられなくなったのではないでしょうか。

おそらく良寛は、正式な住民としての資格がなかったのかもしれません。空庵に勝手に住み着いた旅の修行僧のような存在だったものとも思われます。そして身元保証人的な存在であった解良叔問(けらしゅくもん)は没し、原田鵲斎(じゃくさい)も隠居して加茂へ移住し、良寛をかばってくれた三宅相馬も三条を去ってしまいました。

村上藩にとって、なにかと抵抗し、目の上のタンコブであり、煙(けむ)たい存在であった良寛は、ついに住民としての資格がないというような理由で、他藩への移住を迫られたのではないでしょうか。

例えば正式な住民としての資格がない者は他藩領に立ち退くべしというような話が、国上周辺の庄屋にあったのではないでしょうか。良寛をターゲットにしたような話があったのかもしれません。

そうした事情を関係者は知っていて、島崎の木村家や、寺泊の吉(よし)の百姓総代の源右衛門、寺泊町の回船問屋で町年寄だった外山茂右衛門などは、良寛に自分の処(ところ)に移り住むように誘ってくれたのではなかったでしょうか。

当時、島崎は島崎川を境に、木村家の反対側の下領は村上藩領でしたが、木村家がある上領は天領で、出雲崎代官所の領地でした。そして寺泊は柏崎領でした。私は長い間、老衰した良寛の世話をなぜ木村家がみて、あれだけ良寛と親しかった阿部家や解良家がお世話してやらなかったのだろうかと疑問に思っていました。それは、阿部家も解良家も村上藩領であったからなのではないでしょうか。

移住

そうした状況の中、**文政九年（一八二六）の九月はじめ**に、良寛は病に臥(ふ)してしまいました。そのとき晩秋の嵐が三日三晩吹き荒れました。病気で身動きできない良寛は、不安な三日間をただ吹き荒れる風の音を聞きながら、過ごしたのです。そんな思いを歌にしています。

憂き我を　いかにせよとて　秋風の　吹きこそ増され　止むとはなしに
むらぎもの　心さへにぞ　失せにける　夜昼言わず　風の吹ければ
しかりとて　誰に訴へむ　よしもなし　風の吹くのみ　夜昼聞きつつ

むらぎもの…枕詞

こうした心細さを痛感したことを契機に、良寛は、権力の圧迫には従う気はなかったものの、国上山を去る方向に心が傾いていったのかもしれません。遍澄には、地蔵堂の願王閣に自分を迎えたいという大庄屋の富取家からの話が前からあったのでしょう。あるいはその話は、長年世話になった遍澄を思って、良寛が働きかけた話であったかもしれません。遍澄は自分が良寛のもとを去ることになる以上は、良寛の世話をしてくれる人を見つける必要がありました。遍澄の実家の隣にあって、気心の知れた木村家に、良寛様のお世話をしていただけるか打診したのではないでしょうか。そうしたところ、木村家から、快くお引き受けいたしましょうというありがたい返事があったのでしょう。

そこで遍澄は、木村家からのありがたい申し出を良寛に伝えたのでしょう。そして良寛は即座に移住を決心したようです。おそらく遍澄の将来のことを考えての決断だったのではないでしょうか。遍澄は良寛の決心を聞いて、木村家への移住の話をすぐに実行に移したのです。越後の厳しい冬はもう目の前に来ていた時期でもありました。良寛もまた、島崎なら、弟由之のいる与板にも、出雲崎にも近いこと、そして能登屋木村家は浄土真宗の信仰の篤い家であったこともあり、すぐに転居することを了承したのでしょう。話の決まったその日のうちに良寛は遍澄と二人で歩いて木村家に来たのです。

歌集『くがみ』

良寛は木村家に転居した後、国上山を愛惜するあまり、二十六首からなる自選歌集『久賀美』を作りました。良寛の自選歌集は『布留散東』と『久賀美』だけです。『久賀美』の巻末の歌があります。

あしびき（の）　み山の茂み　恋ひつらむ　我もむかしの　思ほゆらくに

良寛は「籠に飼ひし鳥をみて読める」という詞書きにある「籠の鳥」に、老衰し、権力にも追われて国上山に住めなくなり、自由を奪われた己の姿を重ね合わせているのでしょうか。

照明寺蜜蔵院での夏籠もり

長年、自然の豊かな国上山で暮らした良寛にとって、賑やかな島崎の町中での暮らしはなじめなかったのか、移住した翌年の夏の間、海と佐渡の見える寺泊の照明寺密蔵院で過ごしました。

木村家に移住した年の十二月二十五日付けの阿部定珍宛の手紙があります。

「まことに狭くて暮らし難く候。暖気になり候はば、また何方へも参るべく候」

そうしたことからか、移住した翌年、**文政十年（一八二七）良寛七十歳の**年の夏の間、海と佐渡の見える寺泊の照明寺密蔵院で過ごしました。

また、阿部定珍宛の次の手紙もあります。**「僧もこの夏、密蔵院へ移り候。観音堂の守り致し、飯は照明寺にて食べ候。一寸御知らせ申し上げ候。」**

おそらく良寛は、文政十一年も、文政十二年も寺泊の照明寺密蔵院で一定期間逗留していたのではないでしょうか。お世話になっている木村家への遠慮も少しはあったかもしれません。

三条地震

良寛が島崎の木村家の庵に移住した後、江戸時代後期の**文政十一年（一八二八）良寛七十一歳の年の十一月十二日**、三条町を中心に大地震が発生しました。見附、今町、与板、長岡など被害は十里四方に及び、倒壊家屋は二万一千軒、死者千五百人余に達するという大惨事となりました。朝の時間帯だったため、火災も多く発生しました。

与板の由之は早速**十二日付け**で、島崎にいる兄の良寛に手紙を出しています。

良寛は三条町の真言宗宝塔院(ほうとういん)の住職だった隆全(りゅうぜん)に、**十一月二十一日付け**で無事を確かめる手紙を出しています。この手紙の中で、住職の隆観(りゅうかん)や三浦屋幸助の安否も尋ねています。隆全(りゅうぜん)が編んだ『良寛法師歌集』の中に、三条地震の被害を悲しんだ良寛の和歌四首が入っています。

永らへむ　ことや思ひし　かくばかり　変わり果てぬる　世とは知らずて

かにかくに　止まらぬものは　涙なり　人の見る目も　忍ぶばかりに　かにかくに…あれこれと思い嘆いて

むらぎもの　心を遣(や)らむ　方ぞなき　あふさきるさに　思い惑ひて　あふさきるさに…あれやこれやと

諸人(もろびと)の　かこつ思ひを　留め置きて　己れ一人に　知らしめむとか

良寛はまた、**十二月八日付け**で阿部定珍と山田杜皐(とこう)に宛てて、二通の手紙を出しています。その二通の手紙の中に、次の歌が詠まれています。

うちつけに　死なば死なずて　長らえて　かかる憂き目を　見るがわびしき　うちつけに…だしぬけに

これらの地震に関する手紙の中で、特に有名なものが、与板の友人の山田杜皐(とこう)宛ての次の書簡です。

「地しんは信(まこと)に大変に候。野僧草庵は何事もなく、親類中、死人もなく、目出度(めでた)く存じ候。

うちつけに　死なば死なずて　長らえて　かかる憂き目を　見るがわびしき

しかし、災難に逢う時節には　災難に逢うがよく候、死ぬ時節には　死ぬがよく候

是はこれ　災難をのがるる妙法にて候。かしこ。　臘八(ろうはち)　良寛　」

これは、自然随順の死生観を持ち、騰騰任運(とうとうにんぬん)、随縁に徹した良寛の悟達の境地を示すものとして、良寛の中では最も有名な言葉です。災禍に苦しんでいる人が聞けば、誤解しそうな言葉ですが、心境の高い山田杜皐であれば理解してくれると考えたのでしょう。

道元禅の忠実な継承者でもあった良寛は、道元の死生観を受け継ぎ、生死を超克していました。道元の『正法眼蔵(しょうぼうげんぞう)』の「生死(しょうじ)の巻」には次の一文があります。「ただ生死すなわち涅槃(ねはん)とこころえて、生死として いとふべきもなく、涅槃としてねがふべきもなし。このときはじめて、生死をはなるる分あり。」（ただ生死輪廻の事実は、そのままが涅槃（真理、悟りの境地）であるとこの道理を明らめて、生死輪廻の人生を厭うて苦しんだり、悲しんだり、怖れてはならない。また涅槃という奇特な別な存在があるのではないから、涅槃を願うべきものでないと諦観(たいかん)すれば、そのとき初めて生死輪廻の苦しみと迷いを離れる道が現成(げんじょう)するのである。（訳は中村宗一「全訳正法眼蔵 四」誠信書房より））

道元の「生すなはち不生、すなはち不滅。生来(き)たらば、ただこれ生、滅来たらばこれ滅にむかひてつかふべし」という境地に、長年の修行によって良寛も達していたのです。

弟由之との交流

島崎の木村家の庵室に住む晩年の良寛と与板の松下庵（しょうかあん）に隠栖（いんせい）していた弟の由之は、塩之入峠をお互いに行き来して、親密に交流しました。また、与板には父以南の実家新木家の菩提寺徳昌寺や良寛と交流のあった豪商大坂屋三輪家や和泉屋山田家もありました。

良寛七十二歳の正月に与板の由之の庵で二人が唱和した歌があります。

ひさかたの　雪解（ゆきげ）の水に　濡れにつつ　春のものとて　摘みてきにけり　（良寛）

春の野の　若菜摘むとて　塩入（しほのり）の　坂の此方に　この日暮らしつ　（良寛）

わがためと　君が摘みてし　初若菜　見れば雪間に　春ぞしらるる　（由之）

エピソード

ほたるの良寛

与板の和泉屋（いずみや）山田家の当主・杜皐（とこう）の奥方は、夕方になると決まって訪ねてくる良寛さまに、酒を振る舞いました。幼い女の子の　およし　ちゃんは、夕方になると現れる良寛さまに『ホタル』というあだ名をつけました。良寛は大好きな　およし　ちゃんに、酒をおねだりする歌をいくつか詠んでいます。

寒くなりぬ　今は蛍（ほたる）も　光なし　黄金（こがね）の水を　誰（たれ）か賜（たま）わむ

草むらの　蛍とならば　宵々（よいよい）に　黄金の水を　妹（いも）賜ふてよ

山田家との交流

良寛のハトコである山田杜皐（とこう）（与板の豪商和泉屋山田家の第九代当主山田重翰（しげもと）　一七七三？〜一八四四、良寛より約十五歳ほど年下）は、俳句、絵画にすぐれており、良寛の親友でした。その山田家と良寛は親交があり、家族ぐるみでたびたび、楽しいひとときを過ごしました。

エピソード　**およしちゃんとの楽しいやりとり**

良寛さんはよく与板の和泉屋山田家に遊びにきました。山田家の小さな女の子のおよしちゃんは、良寛さんが黒い僧服を着ているうえに、托鉢（たくはつ）で日焼けして、色が黒いことから、烏（からす）というあだ名を付けました。あるとき、良寛さんが足のすねにつけた脚絆（きゃはん）を脱いだら、素足が真っ白だったので、およしちゃんは、良寛さんを**からかう歌を詠みました**

烏めが　生麩（しょうふ）（注1）**の桶へ　飛び込んで　足の白さよ　足の白さよ　〈およし〉**

それに対して、良寛さんが対抗する歌を詠みました。

雀子（すずめこ）が　人の軒端（のきば）に　住みなれて　囀（さえ）ずる声の　その喧（かしま）しさ　〈良寛〉

ところが言い過ぎたと思ったのか、良寛さんは次の歌も詠みました。

喧（かしま）しと　面伏（おもてぶ）せ（注2）**には　言ひしかど　このごろ見ねば　恋しかりけり　〈良寛〉**

また、山田杜皐（とこう）との唱和の歌もあります。

初獲（はつと）れの　鰯（いわし）のやうな　良法師　やれ来たといふ　子等（こら）が声々　〈杜皐〉

大飯を　食うて眠りし　報いにや　鰯（いわし）の身とぞ　なりにけるかも　〈良寛〉

（注1　生麩…白い小麦粉を水で溶いたもの、麩の材料）（注2　面伏せ…面目を失うように）

エピソード　**白雪羔**

良寛に白雪羔（はくせっこう）という菓子を所望する手紙が二通あります。（羔は正確には糕）

「白雪羔少々御恵み賜りたく候。以上。

十一月四日　良寛

菓子屋三十郎殿　」

「白雪羔 少々御恵み賜りたく候。余の菓子は無用。

十一月五日　沙門良寛

山田杜皐（とこう）老　」

この手紙は文政十年なのか、十一年なのか、十二年なのかよく分かりません。日付が一日違いで二通も出しているので、それなりの量を急いで求めていたようです。白雪糕とは米や蓮（はす）の実の粉に砂糖を混ぜて作った美味な干菓子（ひがし）であり、栄養価が高く、当時では白雪糕をお湯に溶かして母乳の代わりに乳幼児に与えたといいます。

名主の長男として育った良寛の好物のお菓子だったという説もありますが、自分の好みのお菓子を食べたいがために、果たして手紙を二通も出すでしょうか。また、晩年の良寛が病弱な自分が食べるために滋養豊富な白雪糕を求めたとも考えられますが、余の菓子は無用と明記しており、母乳代わりに使用する目的で求めたのが真相ではないでしょうか。おそらく良寛の周囲に、例えば近所の嫁や木村家の使用人の娘などに、母乳が出なくて赤子を育てられない貧しい女性がいて、良寛は彼女とその乳飲み児（ちのご）を救おうと、懸命（けんめい）になって手紙を出したのではないでしょうか。

痢病

良寛は**天保元年（一八三〇）七十三歳**の夏頃より痢病（りびょう）で苦しむようになりました。その良寛を、長岡の福島（ふくじま）の閻魔堂（えんまどう）に住む貞心尼や、与板に隠栖（いんせい）していた弟の由之は、たびたび訪ねて見舞っています。良寛の病気は直腸がんではなかったかと言われています。

遷化

天保二年（一八三一）一月六日、良寛は木村家で木村家の家族、弟由之（ゆうし）、貞心尼、遍澄（へんちょう）らに看取られ遷化（せんげ）しました。享年七十四歳でした。同じ年に由之の長男の馬之助も亡くなったため、良寛の墓碑は三回忌の時に隆泉寺の隣りの木村家墓地に建立（こんりゅう）されました。

良寛墓碑

第九章　貞心尼との交流

貞心尼

晩年の良寛の仏弟子となって交流した貞心尼(ていしんに)は、越後長岡藩の下級武士の二女奥村マスとして、**寛政十年（一七九八）**に生まれました。三歳のときに母に死別しました。学問好き、文学好きな少女で、努力家だったようです。

マスは少女時代に長岡城に御殿奉公に上っていました。長岡小町と呼ばれたほど美しかったといいます。十五歳の頃、マスが城中で奉公していたときに、とある上級武士の侍から見初められ、妻にしたいという申し入れが奥村家になされた可能性があると思われます。奥村家は大工をする下級武士（鉄砲台師）で、結婚の申し出を断ることができなかったのではないでしょうか。しかし、マスは、その侍と一緒になることを望まなかったものと思われます。そのころ、長岡城にときどき出入りしていた漢方医の助手として、関長温(ちょうおん)という美男がいました。マスは関長温にほのかな思いを寄せていたのでしょう。武家の娘と平民という身分の違いもあり、なんとか、関長温と駆け落ちしてでも、求婚した侍から逃げ出すことしか思い浮かばなかったのではないでしょうか。マスは長温に思いを打ちあけ、実家にはその旨を伝え、神隠しにあったことにして、決して探さないでくれと頼み込んで、長温とともに駆け落ちしたのでしょう。長温の実家である竜光村（急旧堀之内町、現魚沼市）の下村家にたどり着いて、しばらく身を隠していた後、二人で祝言をあげたようです。そして小出嶋村（旧小出町、現魚沼市）で、**文化十年（一八一三）**には医者を開業したようです。マスと長温の結婚は仮に開業した年だとすると、マスが十六歳の年ということになります。長温はマスよりも十二歳ほど年上の二十八歳くらいでした。マスは御殿奉公の身から駆け落ちしてきたことから、人目につかぬよう近所づきあいや外出をほとんどしなかったといいます。

文政四年（一八二一）、マスが二十四歳の年、二人には子供ができなかったせいか離婚しました。その後、柏崎の閻王寺（えんのうじ）で剃髪・出家し、心竜尼（しんりょうに）・眠竜尼（みんりょうに）の弟子となり、尼の修行を始めました。

浜の庵主さま伝承

現在、多くの人が抱く貞心尼のイメージの形成に、少なからぬ影響を与えたものが、昭和五十五年に紹介された「浜の庵主さま」伝承です。その内容は、要約すると次のとおりです。

・関長温は竜光村の酒蔵の弟であったが、酒蔵の仕事に耐えきれず、長岡の家中の娘（後の貞心尼）と一緒になり、四日町（現魚沼市四日町）の彦助ドンの家を借りて医者を開業した。
・何年経っても子供ができなかった。
・妻は黄表紙や発句が好きで、愛想が悪く、気位が高くて、評判が悪く、はやらなかった。
・女房（奥村マスを指す）は器量が良かったが、片方の頬（ほお）に疱瘡（ほうそう）ができ、黒いアバタになり、行燈（あんどん）の影で一方の頬を隠すように座り、亭主に嫌われた。
・酒蔵の弟と家中娘（奥村マスを指す）の夫婦仲はよくなく、亭主はある女と良い仲となり、一緒に栃尾の方に逃げた。
・亭主に逃げられ実家に帰った後も、一・二度小出に来て身欠きニシンをみやげに配り、浜の庵主さまと呼ばれた。

この伝承は、ある郷土史家がある良寛研究家に語ったものですが、その十年ほど前にその郷土史家が小出郷新聞に語った話では、次の内容でした。

・文化六年に亡くなった関玄達の墓がある。

・関玄達の妻は天然痘に感染して、治った後には耳の下に大きな痕跡を残した。

・尼になってから名を「ジョウシン」といった

その郷土史家は関玄達と関長温を同一人物だと勘違いして、「浜の庵主さま伝承」を語ったようです。この「浜の庵主さま伝承」については、次の点などから、関長温とマス（のちの孝室貞心尼（ていしんに））の話ではなく、関玄達とその妻（のちの孝屋貞心尼（ジョウシンニ）の話であることが判明しました。

・関長温の実家が酒造業を始めたのは明治以降である。

・良寛愛弟子の貞心尼は疱瘡の痕などなく、生涯にわたって美しかったという伝承が多数ある。

・関長温は貞心尼との離縁後も小出で医者を続けていたことを示す古文書が多数あり、不倫相手の愛人と栃尾に逃亡などしていない。

・同時代の魚沼に孝屋貞心尼（ジョウシンニ）が実在した。湯之谷に住んだ孝屋貞心尼（ジョウシンニ）の過去帳や供養塔が存在し、ジョウシンニには大きなアバタがあったという古老の伝承がある。

良寛への想い

貞心尼の長岡の実家の近所に、貞心尼と親しくしていた家があり、その家の親戚が与板の豪商和泉屋山田家でした。その縁で、和歌を詠み教養のあった貞心尼は与板の山田家とも親しくなったのでしょう。山田家は俳諧や和歌などをたしなむ家風であり、良寛の父以南の実家である新木家とも親戚で、良寛とも親交がありました。その山田家から、徳の高い僧侶で、和歌や書も秀でている良寛という国上山に住む僧侶の噂（うわさ）を、貞心尼は聞いたのでしょう。そして、ぜひ良寛さまを師として仏の道や和歌を学びたいという思いを持つようになったのではないでしょうか。

また、すでに良寛と逢う以前から、島崎の木村家とも親しくしていたようです。島崎家からは、与板の徳昌寺が木村家からかりたお金（大蔵経購入資金）が返せなくなったとき、良寛のアドバイスで借金を帳消ししたことがあり、物事の困った相談事には徳の高い良寛様が実に頼りになるという話を聞いていたことでしょう。

関長温の死

関長温は実家の下村家の過去帳によると、**文政十年（一八二七）二月十四日**に死亡しました。長温の没年齢は、長温はまだ四十二歳という若さでした。関長温は二月十四日に、侍にお手討ち（斬殺）されたという話が、代々長温の亡骸（なきがら）を葬った松原家の一部の人々だけに密かに語り継がれてきたという事実があるといいます。このことから、次のことが推測されるのです。

かつて奥村マスに求婚した侍が、偶然実家を訪れた貞心尼と長岡城下で出遭い、神隠しに遭ったと言われていたマスとその家族を問い詰めたところ、実はマスは医師の関長温と駆け落ちして小出で医師を開業し、その後マスは離婚して尼になったが、長温の方はまだ小出で医者をしているという事実を、マスの家族が白状してしまいました。その侍は長温への怒りを募らせ、その恨みを晴らすために、長温を駆け落ち・脱藩の罪で、小出に出かけてお手討ち（斬殺）にしてしまったのです。

貞心尼は自分から関長温に駆け落ちして欲しいとお願いしたことや、自分の不注意でついうっかり長岡城下を歩いてその侍と出遭ったことから、かつての夫関長温が殺されてしまったことに、責任を感じて悩んでいました。そのため是非、良寛さまにこの苦しい胸のうちを打ち明けたいと思ったのでしょう。

しかし、柏崎と国上山は余りにも遠すぎます。ところが、良寛が**文政九年（一八二六）の初冬**に、国上山を下りて島崎の木村家に移り住んだと言う知らせが木村家からあったのでしょう。

貞心尼は良寛に逢って弟子入りしたいとの強い思いから、島崎に近い場所への移住を決意し、適した場所をいろいろと探しました。そして、**文政十年（一八二七）貞心尼三十歳の年の三月**、七十歳の良寛のいる島崎に近い、長岡の福島（ふくじま）の閻魔堂（えんまどう）に移り住みました。

最初の訪問

関長温の葬儀に出席した直後の**文政十年（一八二七）四月十五日頃**、良寛がいつも子供たちと手毬（てまり）をついているということを聞いた貞心尼は、自分で作った手まりを持って島崎の木村家庵室の良寛を訪ねました。

しかしながら、良寛は寺泊の照明寺密蔵院（しょうみょうじみつぞういん）に出かけており、不在だったのです。そこで貞心尼は次の和歌を木村家に託して良寛に渡してもらうことにしました。

閻魔堂と貞心尼像

これぞこの　仏の道に　遊びつつ　つくや尽きせぬ　御法（みのり）なるらむ　（貞心尼）

六月に貞心尼からの手まりと和歌を受け取った良寛は貞心尼に次の歌を返しました。

つきてみよ　一二三四五六七八（ひふみよいむなや）　九の十（ここのとを）　十とおさめて　またはじまるを　（良寛）

この歌の「つきてみよ」には手まりをついてみなさいという意味と、私について（弟子になって）みなさいという意味が込められているようです。

それから秋になって、貞心尼は初めて良寛に逢うことができました。その時の唱和の歌です。

君にかく　あい見ることの　嬉しさも　まだ覚めやらぬ　夢かとぞ思ふ　（貞心尼）

夢の世に　かつまどろみて　夢をまた　語るも夢も　それがまにまに　（良寛）

まにまに…なりゆきにまかせよう

（訳　この世の中のことはすべてが夢のようにはかないものです。夢のようにはかないこの世の出来事（あなたが私と会ったこと）を、うとうとと眠って見た夢のようだとあなたが語ることも、あなたが見た夢（あなたが私と会ったこと）も、ともに夢のようにはかないこの世での出来事です。だから、あなたが語る夢はさめずに、夢のままでよいのです。）

仏教では、すべてのことはみな夢・幻すなわち「空（くう）」と見ます。全てが「空」であるから、現実か夢かという区分は無意味なのです。そして、すべての事象はあるがままの姿で存在しているだけだから、夢はさめなくても夢のままでよいのです。

その日貞心尼は熱心に良寛さまの仏道のお話しを聞いていましたが、夜が更けてきたので、良寛は次の歌を詠みました。

白妙の　衣手寒し　秋の夜の　月半空に　澄みわたるかも　（良寛）

この歌の月は仏法の象徴であり、月が澄みわたっているということは、仏法の真理は明白だということでしょう。あわせて、月が空高く昇り、夜も更けたことから、今日はこれくらいにしましょうという意味を込めた歌でしょうか。

夜が更けても、まだまだお話しを聞きたいと思った貞心尼は次の歌を返しました。

向かひゐて　千代も八千代も　見てしがな　空ゆく月の　こと問はずとも　（貞心尼）

「仏法の象徴である月をいつまでも見ていたい、仏道の話をもっと聞いていたいのです。空行く月は言葉（仏法の真理）を言わないとしても、良寛さまから仏道の話を聞き続けたいのです。」というような歌意でしょうか。一方で、「良寛さまと向かい合っていつまでも良寛さまを見ていたい。空行く月は何も言わないように、良寛さまが私になにも話をしなくとも」というような意味にもとることができるかもしれません。この歌に対して、良寛は次の歌を返しました。

心さへ　変はらざりせば　這ふ蔦の　絶えず向かはむ　千代も八千代も　（良寛）

仏道を極めようという心さえ変わらなければ、蔦がどこまでも伸びていくように、いつまでも向かい合って、お話しをしましょうという意味でしょう。この歌を聞いて、貞心尼は次の歌を返しました。

立ち帰り　またも訪ひ来む　たまぼこの　道の芝草　たどりたどりに　（貞心尼）

さらに良寛は貞心尼に次の歌を返します。

またも来よ　柴の庵（いほり）を　嫌（いと）はずば　すすき尾花の　露を分けわけ　（良寛）

こうして二人が出逢った日から、貞心尼は良寛の仏道の弟子となり、手紙のやりとりや良寛への訪問が続きました。やがて、お互いの心がかよいあい、良寛が遷化（せんげ）するまで心温まる交流が続きました。

文政十年（一八二七）秋から冬の手紙のやりとり

しばらくの間、音信がなかったため、良寛は催促の歌を手紙で送りました。

君や忘る　道や隠るる　この頃は　待てど暮らせど　おとづれのなき　（良寛）　　おとづれ…音信

貞心尼は柏崎の心竜尼・眠竜尼のいる寺で修行していたのか、自由に行動できないでいるという歌や、まだ自分の心の中は、うす雲がかかっている（迷いがある）という歌を手紙で良寛に送りました。

ことしげき　葎（むぐら）の庵に　閉ぢられて　身をば心に　まかせざりけり　（貞心尼）

山の端（は）の　月はさやかに　照らせども　まだ晴れやらぬ　峰のうす雲　（貞心尼）

その手紙を見て、良寛はさらに、次の励ましの歌を送りました。

身を捨てて　世を救う人も　座（ま）すものを　草の庵に　暇求むとは　（良寛）

久方の　月の光の　清ければ　照らしぬきけり　唐も大和も　昔も今も　嘘も誠も　（良寛）

晴れやらぬ　峰のうす雲　立ち去りて　のちの光と　思はずや君　（良寛）

文政十一年（一八二八）良寛七十一歳、貞心尼三十一歳　春の手紙のやりとり

年が明けて、春になってから、貞心尼から良寛に手紙が届きました。

内容は冬の次には自然に春が来るであるとか、月の光（仏法の真理）はあまねく照らしているとか、迷っていた時も月の光（仏法の真理）は照らしていたというような歌で、ようやく迷いから抜け出たことを詠っています。

自づから　冬の日かずの　暮れ行けば　待つともなきに　春は来にけり　（貞心尼）

われも人も　嘘も誠も　へだてなく　照らしぬきける　月のさやけさ　（貞心尼）

覚めぬれば　闇も光も　なかりけり　夢路を照らす　有明の月　（貞心尼）

この歌を見た良寛は、貞心尼からの音信を喜ぶ歌と、仏法についての教えの歌を送りました。

天が下に　満つる玉より　黄金より　春の初めの　君がおとづれ　（良寛）

おとづれ…音信

手に触る　ものこそなけれ　法の道　それがさながら　それにありせば　（良寛）

仏法についての教えの歌の意は、「仏法とは手に触れば分かるような分別世界のものではなく、森羅万象は仏法の真理がそのまま顕現したもの」でしょう。

ところがまた来た貞心尼からの歌は「まだ谷川の水が岩間によどんでいます（まだ完全に迷いが吹き切れてはいないのです）」という内容でした。

春風に　み山の雪は　解けぬれど　岩間によどむ　谷川の水　（貞心尼）

それに対して良寛は「春になれば自然に雪が解けて、谷川に流れるという自然の摂理がすなわち仏法の真理であるから、よどめる水はないはずなのだ」という歌を返しました。

み山べの　み雪解けなば　谷川に　よどめる水は　あらじとぞ思ふ　（良寛）

その後、貞心尼は「毎年春はやって来るし、春になれば、自然に花は咲き、花が咲けば、ウグイスが鳴く」という意味の歌と「お師匠様がいなかったならば、いつまでたっても、十づつ十が百であること（当たり前のことがすなわち仏法の真理であること）を知りませんでした」という歌を返してきました。

いづこより　春は来しぞと　尋ぬれど　答えぬ花に　うぐひすの啼く　（貞心尼）

君なくば　千たび百（もも）たび　数ふとも　十づつ十を　百（もも）と知らじを　（貞心尼）

その歌を見た良寛は「そのように（仏法の真理が）分かったのならば、私ももう仏道のお話は終わりにしましょう」という歌を返しました。

いざさらば　我もやみなむ　ここのまり　十づつ十を　百と知りせば　（良寛）

文政十一年　春の二回目の相見

ところが、貞心尼は「まだまだお師匠様から教えを受けたいと思っていたのに、お師匠様は完全に自分が仏法の真理を悟ったと誤解された」と思い、直接お逢いしてお話したいと思ったのでしょう。良寛さまの草庵を訪ねたようです。そこでいろいろなお話をしたのでしょう。貞心尼が帰ろうとする時に詠み交わした歌があります。

霊山（りょうぜん）の　釈迦（しゃか）のみ前に　契りてし　ことな忘れそ　世はへだつとも　（良寛）

霊山の　釈迦のみ前に　契りてし　ことは忘れじ　世はへだつとも　（貞心尼）

インドの霊鷲山（りょうじゅせん）で弟子や信者達に法華経（ほけきょう）を説法したお釈迦様の言葉「法華経を説き弘（ひろ）めよ。そうすれば、世を越えて諸仏に守護され、いつか未来に誰もが仏道を成就（じょうじゅ）できる」に、釈迦のみ前にいた弟子や信者達はみなその道を行くことを誓いました。現在僧や尼になって仏法と縁が結ばれているのは、過去の世に釈迦のみ前で仏道に精進することを誓ったからだといいます。

「お釈迦様のみ前で誓った時と今とでは世は隔たっているが、誓ったそのことを決して忘れてはならない」という良寛の教えに、貞心尼は「決して忘れません」と答えました。

あるいは、「世はへだつとも」の良寛さまの言葉には「自分が先に死んで、二人があの世とこの世に隔たったとしても」という思いも込められていたのかもしれません。

エピソード　**からすとからす**

与板の和泉屋山田家に、良寛と貞心尼がやってきて、楽しいひとときを過ごしました。およしちゃんが、色の黒い良寛さんに、からすというあだ名をつけたので、良寛は次の歌を詠みました。

いづこへも　たちてを行かむ　明日よりは　からすてふ名を　人の付くれば　（良寛）

すると、貞心尼が続けて歌を詠みました。良寛も続けました。

山がらす　里にい行かば　子がらすも　誘ひてゆけ　羽弱くとも　（貞心尼）

誘ひて　行かば行かめど　人の見て　怪しめ見らば　いかにしてまし　（良寛）

すかさず、貞心尼は返しました。

鳶は鳶　雀は雀　鷺は鷺　烏と烏　なにか怪しき　（貞心尼）

夕方になって、良寛は帰る前に歌を詠みました。

いざさらば　我は帰らむ　君はここに　いやすくい寝よ　はや明日にせむ　（良寛）

貞心尼は明日のことをたずねる歌を詠みました。良寛も、歌で返しました。

歌や詠まむ　手毬（てまり）やつかむ　野にや出む　君がまにまに　なして遊ばむ　（貞心尼）

歌や詠まむ　手毬やつかむ　野にや出む　心一つを　定めかねつも　（良寛）

病臥した良寛と貞心尼の交流

文政十三年（天保元年・一八三〇）七十三歳の良寛は夏頃から下痢の症状に苦しむようになりました。良寛の病状ははかばかしくなく，冬になる頃には庵に籠もって、人とも会わないようにしている、と聞いた貞心尼は、次の歌を書いた手紙を出しました。

そのままに　なほ耐へしのべ　いまさらに　しばしの夢を　いとふなよ君　（貞心尼）

それに対して良寛は次の真情のこもった歌を貞心尼に返しました。

あづさ弓　春になりなば　草の庵を　とく出てきませ　逢ひたきものを　（良寛）　とく…早く

年末になって、貞心尼のもとに良寛の病状が重篤（じゅうとく）になったという知らせが届き、貞心尼が驚いて訪ねると、良寛はさほど苦しんでいる様子もなく、貞心尼の訪問をうれしく思い次の歌を詠みました。

いついつと　待ちにし人は　来たりけり　今は相見（あい）て　何か思はむ　（良寛）

武蔵野の　草葉の露の　ながらへて　ながらへ果（は）つる　身にしあらねば　（良寛）

昼夜、一睡もせずに看病する貞心尼の目に、日に日に衰弱してゆく良寛の姿が見えました。貞心尼は悲しくなって次の歌を詠みました。

生き死にの　境（さかい）離れて　住む身にも　さらぬ別れの　あるぞ悲しき　（貞心尼）　さらぬ…避けられない

生死（しょうじ）の迷いの世界から離れて住んでいるはずの仏に仕える身にも、避けることができない死別のあることが、たまらなく悲しい、という貞心尼の悲痛な思いの伝わってくる歌です。

この貞心尼の歌を聞いて、良寛は次の俳句を口ずさまれました。

うらを見せ　おもてを見せて　散るもみぢ（良寛）

この句は、表と裏をひらひらさせ、よどみなく舞いながら散って落ちていく紅葉の姿から、執着しない、とらわれない、自在で滞らない生き方を学べという良寛さまの最後の教えだったのでしょうか。もみぢ葉が散ることは死を意味します。あるいは、貞心尼にはおもて（仏道の師匠としての良寛）も、うら（生身の人間としての良寛の真実の姿）もすべて見せました。死に往く前に、もう思い残すことは何もありません、という良寛さまの最後の思いも込められているのでしょうか。

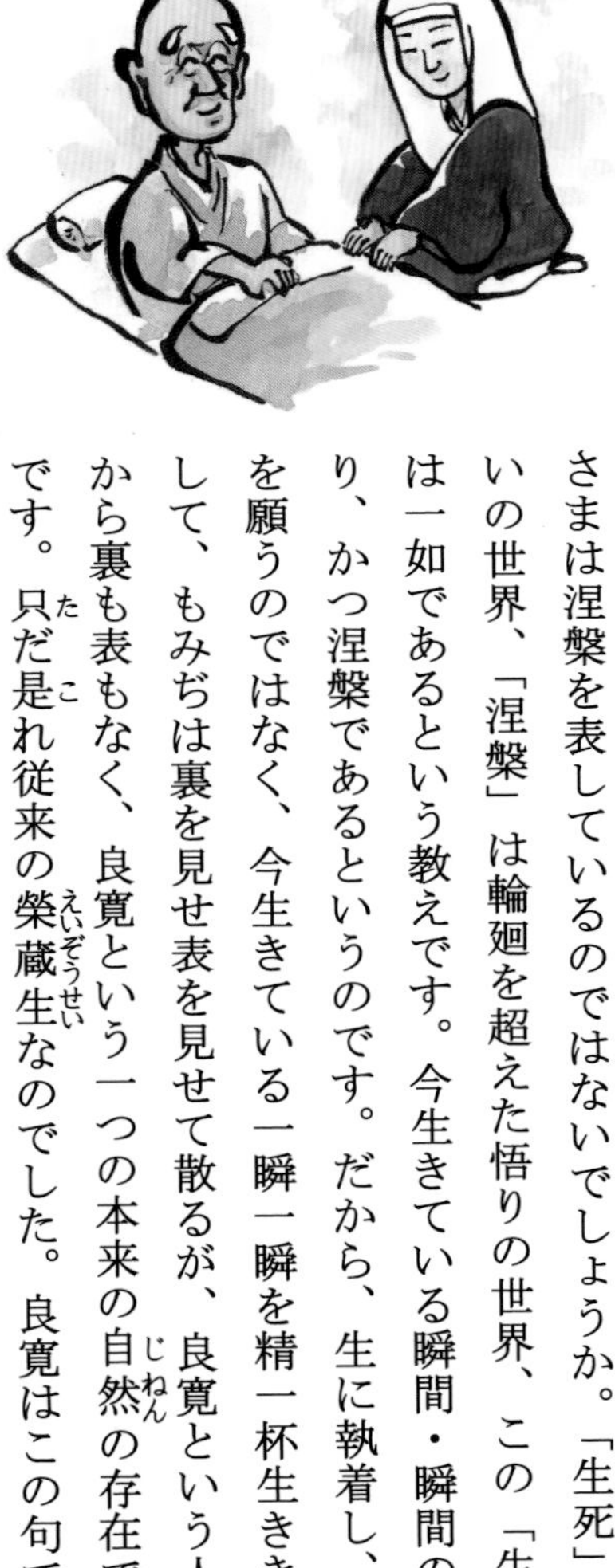

また、生死の迷いの世界から貞心尼を導くための、「生死即涅槃」という良寛の最後の教えを込めた句だったのかもしれません。おもて・うらは生死を、ひらひらと散るさまは涅槃を表しているのではないでしょうか。「生死」は生死輪廻の迷いの世界、「涅槃」は輪廻を超えた悟りの世界、この「生死」と「涅槃」は一如であるという教えです。今生きている瞬間・瞬間の生が、生死であり、かつ涅槃であるというのです。だから、生に執着し、死を厭い、涅槃を願うのではなく、今生きている一瞬一瞬を精一杯生ききることだと。そして、もみぢは裏を見せ表を見せて散るが、良寛という人間には、はじめから裏も表もなく、良寛という一つの本来の自然の存在でしかなかったのです。只是れ従来の榮蔵生なのでした。良寛はこの句でそのことを一番

言いたかったのではないでしょうか。

天保二年（一八三一）良寛七十四歳、貞心尼三十四歳正月六日 遷化

病気が重篤になられて、薬やご飯も絶たれているとお聞きして

かひなしと　薬も飲まず　飯絶ちて　自ら雪の　消ゆるをや待つ　（貞心尼）

うちつけに　飯絶つとには　あらねども　且つやすらひて　時をし待たむ　（良寛）

うちつけに…だしぬけに　且つ…少しだけ

下痢を伴う病状が悪化した良寛は、下痢を止めるために食事を絶ち、次いで薬も絶たれました。自然に命の灯が消えて行く時を待たれたのです。

貞心尼は、その良寛の病中もさほど苦しむ様子も見せず、眠るがごとく座化された姿を、涅槃の妙境に入らんとする神々しい姿を見て、初めて良寛がかつて貞心尼に示した歌

手にさはる　ものこそなけれ　法の道　それがさながら　それにありせば

の中の「それがさながら　それにありせば」や「十づつ十が百であること」の何であるかが頭だけの理解だけでなく、強烈な体験としてようやく心の底から分かって、ハッとしたのではないでしょうか。

貞心尼はこの句を聞いて、裏も表もなかった良寛の、生死を超越して永遠の世界に往生しようとする尊い姿を見て、悟ったのではないでしょうか。

来るに似て　帰るに似たり　沖つ波　（貞心尼）

明らかりけり　君が言の葉　（良寛）

「寄せては返す沖の波があるように、（命というものも、生まれて来ては、死んで還って行くのですね。）そして、来るにもあらず、返へるにもあらざるものが、あるのですね。（波が寄せて来ることも、返すことも、命が生まれてきては、死んでいくことも、生々流転、常に変化して移り変わっていきます。すべての存在や現象は固定的な実体のない空であり、その空であるあらゆる存在や現象のあるがままの姿が真如（仏法の真実）なのですね。）」と、貞心尼が唱うと、良寛は「あなたのおっしゃることには智慧の輝きがあり、真実の悟りがありますね」と和えました。

「明らかりけり　君が言の葉」の良寛の一句は、良寛が弟子の貞心尼に授けた「印可」だったのではないでしょうか。貞心尼は良寛の仏法を嗣いだのです。

まさに、師匠と弟子の心が一体となる、爛葛藤となる瞬間でした。葛藤とは、師資相承（師は弟子に法脈を授け伝え、弟子は師より承け持って連綿と法脈が受け継がれること）が、葛や藤がからみついて離れないほど強固であることであり、爛とは、絢爛の爛で、輝くほど、あきらかにという意味です。

この貞心尼の前句（五七五）に、良寛が付句（七七）で和えた短連歌で、仏道の師匠と弟子との間の歌のやりとりを収めた『蓮の露』の唱和編は終わっています。貞心尼は自分の墓碑にも刻まれた次の辞世の歌に、この歌の前句を使っています。

来るに似て　帰るに似たり　沖つ波　立ち居は風の　吹くにまかせて　（貞心尼）

貞心尼墓碑

第十章　良寛の宗教・芸術

騰騰任運の生き方

良寛は厳しい修行により、「騰騰任運（とうとうにんぬん）」の生き方を身につけました。騰騰とは自由自在に駆けまわり動くさま。任運とは自然のまま、仏法が自ずから運び動くに任せて造作をなさない意味であり、思慮分別（しりょふんべつ）を働かせず、自然のままに任せることです。

騰騰任運とは時処（じしょ）に即して無我の妙用を表す意味です。

騰騰任運とは、欲・作為・はからい・分別心を捨て、無心・無欲となり、そのときどきを精一杯生ききるという生き方でしょう。

長谷川洋三氏は『良寛禅師の悟境と風光』（平成九年　大法輪閣）の中で次のように述べています。

「騰々」は「とらわれることなく、明るく自在で、ゆったりとして」程の意味である。（中略）道元禅における「任運」とは「精一杯の努力をした上で各人の徳分に応じて与えられるものに従うこと」なのであり、何もしないで成り行きに任せるという意味ではまったくない！

「随縁」も騰騰任運と同じ意味合いの言葉です。

独創的な宗教者としての生き方

良寛は、曹洞宗門を自発的に離脱し、寺にも住まず、住職にもならず、説教もせず、ときには子供たちと遊び、詩歌書のすぐれた作品を残しました。僧侶は清貧であるべきと考え、名誉・地位・財産といった欲望をすべて捨て去り、一生、山中の簡素な草庵に独居し、坐禅修行を生涯続けました。

また、出家の仏と在家の仏が出合い、仏法などの布施の引き替えに財の布施を受ける托鉢こそが、釈尊の昔からの仏家の命脈であると考え、一生、托鉢行脚の生活を続けました。

さらに、「菩提薩埵四摂法」の実践が、衆生済度の菩薩行だったのです。

良寛の日々の生活のすべてが聖胎長養（悟後の修行）であり、こうした修行一途の生き方に徹したことによって、身心脱落の境地を得て、すべてを許容・受容する境涯に達し、類い稀な大きな仏徳を身に付けたのです。

禅を極め、一切のはからいを超越した無心・無作の境地で、まるで愚者の如く、「自然法爾」（おのがはからいを捨て、あるがままに身を任せること）、「騰騰任運」、清浄な仏の心のおもむくままに生きたのです。

法華讃・法華転

良寛は禅僧として厳しい修行を続け、煩悩などから解放される解脱・悟りの境地を目指しました。

その一方で、貧苦にあえぎながら生きている庶民の苦しみを救おうと考え、行動しました。

大乗仏教は自己の解脱だけでなく、煩悩に苦しむ衆生の済度（救済）も求めます。この大乗仏教の最も重要な経典が法華経です。良寛は道元も重視した法華経を篤く信奉しました。何も所有しなかった良寛ですが、法華経の経文だけは一生持ち歩いていました。

良寛は法華経を讃える『法華讃』と『法華転』を作りました。その内容は法華経の二十八品の宗意を良寛なりに禅の視点も加えて心読し、讃(たた)えたものです。語句には中国のの禅僧の古則（禅問答や語録）からの引用も多くあります。解釈は容易ではなく、法華経と禅の十分な理解が必要となります。良寛の宗教思想を示す詩偈(しげ)の白眉(はくび)であり、日本の禅文学の至宝(しほう)とも評価されています。

原坦山が認めた良寛の仏教学の学識

近世禅門における機略の名匠原坦山(たんざん)は、初めての良寛詩集である『良寛道人(どうにん)遺稿』を刊行した蔵雲(ぞううん)和尚の法弟でした。蔵雲(ぞううん)和尚から頼まれて『良寛道人(どうにん)遺稿』の校評や略伝の草稿を書いたほどであり、良寛のことはよく知っていました。

原坦山は、文政二年（一八一九）に生まれ、儒学の昌平校を卒業した後、仏門に入りました。風外本高(ふうがいほんこう)に参究した後、心性寺、最乗寺に住し、明治十二年（一八七九）東京帝国大学に印度哲学科が創設されたときの初代講師に招聘(しょうへい)されました。その後、学士会員、曹洞宗大学林総監等を歴任し、明治の碩学(せきがく)、真の禅僧といわれた人物です。明治二十五年（一八九二）年示寂、享年七十四歳。

その原坦山は、良寛を「永平高祖（道元禅師）以来の巨匠なり」と称えたといわれています。

玉木礼吉氏の『良寛全集』に次の逸話があります。

「原坦山、常に禅師を敬慕して措(お)かず、其の法華品に題する「如是高著眼、千百経巻在者裏」の詩を読むに至り、瞿(く)然として曰(い)わく、我朝(わがちょう)仏学(ぶつがく)の蘊奥(うんのう)を究(きわ)めし者、空海以来唯此人(ただこのひと)あるのみと」

宗派にこだわらない生き方

仏教とはもともと一つであり、釈尊（しゃくそん）の時代には宗派などはありませんでした。そして道元も曹洞宗という宗派の創設者では決してなく、唯一の正しい仏法を受け継いでいるのは自分であるという自負を持っていました。しかしながら、江戸時代の仏教界には、多くの宗派が存在していました。そして互いに他の宗派を批判・攻撃していました。さらに、宗派内での派閥抗争もありました。

良寛にとっては、仏の教えとは宗派を超えた唯一のものであり、特定の宗派に属するという意識は道元同様にありませんでした。仏教界が多くの宗派に分かれていること自体、良寛にとっては、本来のあるべき姿ではないと感じられたことでしょう。

良寛は釈尊の時代の本来の姿に立ち帰って、大きな伽藍（がらん）に住むことなく、托鉢で生きていく道を選びました。そして、自力だとか他力だとかにこだわらず、唯一絶対の仏の道を求めたのです。

エピソード　**良寛さまは雑炊宗**

床屋の長蔵は、ある時良寛をからかって、「お前さまはどの宗派の家へも行ってお経をあげなさるから、雑炊（ぞうすい）宗だ」といいました。

浄土思想への傾倒

良寛は自力本願の禅の修行を行いましたが、晩年に近づくにしたがって、他力本願の浄土思想に傾倒したかのように、阿弥陀仏（あみだぶつ）に救いを求める浄土信仰的な歌を多く詠んでいます。

背景には、越後、特に平野部には浄土真宗の信者が多いこと、晩年に身を寄せていた木村家が熱心な浄土真宗の信仰の篤い信者であったことも影響しているでしょう。

かにかくに　ものな思いそ　弥陀仏の　本の誓いの　あるにまかせて

（訳　あれこれと物を思わずに、阿弥陀仏が衆生をお救い下さるという最初に誓われたことを信じて、すべてをお任せしなさい。）

愚かなる　身こそなかなか　うれしけれ　弥陀の誓いに　会ふと思えば

（訳　愚かな自分であるからこそかえってうれしいのです。愚かだからこそ、ひたすら阿弥陀仏の衆生をお救い下さるという誓いを信じて身を任せることしかできないのです。そうすることで阿弥陀仏の誓いにめぐりあえるからです。）

待たれにし　身にしありせば　いまよりは　かにもかくにも　弥陀のまにまに

（訳　命の終わりを待っている身であるので、今からは、とにかくも、阿弥陀仏の衆生をお救い下さるという心のままにおまかせすることにしよう。）

庶民の魂を救済する方法としては、仏の教えを説いて、煩悩を捨てさせ、悟りを得させることが、本来の方法でしょう。しかし、貧しく日々の過酷な労働に追われている庶民に対して、この方法は現実的ではありません。江戸時代の農民には、出家することさえ許されていなかったのです。

良寛は、貧しい農民が真に救われるためには、ひたすら南無阿弥陀仏と唱え、一心に阿弥陀仏にすがることで救われ、来世は極楽に行くことができるという教えの方が、庶民に安心を与え、庶民の魂を救済する方法としては、意義があると考えるようになったのかもしれません。

浄土思想と禅

良寛は浄土教の教えについても、出雲崎の浄玄寺の天華上人（注）から、『阿弥陀経』を借りて読んだり、源信の『往生要集』を読んだりして、若い時からいろいろと学んできました。良寛の修行した曹洞宗と浄土教とは、自力と他力でまったく別物に思うかもしれませんが、本質は同じなのです。

浄土教の大事なところは、修行といった条件のない「弥陀の誓い」にすべてをゆだねることです。良寛の歌 **かにかくに　ものな思ひそ　弥陀仏の　もとの誓いの　あるにまかせて** の歌の「もとの誓い」とは本願のことです。本願とは阿弥陀仏が法蔵菩薩だった頃、修行を始める一番最初に、自分が仏に成ったら何を実現すべきかを、計りしれない時間をかけて自問し、そしてたてた誓願のことです。本願の中には、念仏を一回でも唱えれば、極楽往生できるというものもあります。阿弥陀仏はただひたすら、人々を救おうとしておられます。人々はただ弥陀仏の願心に身をゆだねていればよいのです。一切のはからいは無用なのです。浄土思想の核心は「一切のはからいを放下する」ところにあるのです。

これは良寛が修行した禅も同じなのです。禅もまた、ひたすら坐禅する「只管打坐」の修行で、「身心脱落」の境地に至り、一切の分別心・はからいを捨て去って、無心無作に生きる道です。「騰騰任運」・「随縁」の生き方です。他力と自力で対極にあるように見える浄土教も禅と同じところを目指しているのです。

（注）天華上人とは、良寛の妹のみかの夫でもある浄玄寺住職の曽根智現のこと。

三芸に秀でた良寛

幕末の漢学者鈴木文臺は、草堂集の序文の中で、良寛の仏道の徳の高さについては、言わずもがなであるとし、詩・歌・書の三芸のいずれにも秀でていると高く評価しました。

「余嘗て曰く、師に必ず伝うべきもの三あり。而して道徳は与からず。寒山・拾得の詩、懐素・高閑の書は、師みな兼ねて之を有す。而して加うるに和歌を以てして万葉の遺響を墜さず。余が此の言は、恐らく公言と謂うべきなり。」

万葉調・良寛調

良寛は以前から古今集などの和歌を学びましたが、乙子神社草庵時代に、阿部定珍所蔵の『万葉和歌集校異』を熱心に読み、与板の三輪権平所蔵の、加藤千蔭著『万葉集略解』を借りて、万葉集に注を書き入れるなど、独学で本格的に万葉集を学びました。それ以降、良寛の歌は万葉調を帯び、さらに、平明で清澄な良寛調と言われる歌風を確立し、明治以降の多くの歌人から高く評価されました。

良寛の和歌を高く評価した者として次の歌人・文人たちなどがいます。

正岡子規、伊藤左千夫、島木赤彦、斉藤茂吉、土屋文明、佐々木信綱、与謝野晶子、相馬御風、会津八一、吉野秀雄　など。

日本三大歌人

国文学の父ともいわれる久松潜一博士（東大・國學院大學教授）が、昭和三十六年（一九六一）

十月、和歌文学界第七回大会のため、仙台へ旅行、東北大学に於いて、同会の公開講演会で講演されました。演題は「和歌史における三歌人」。この講演の中で久松先生は、日本の和歌史上の最もすぐれた三人の歌人を挙げられました。一人は「和歌の出発点として、もしくは歌謡と和歌との境にあり、集団的和歌と個性的和歌との境にある歌人」としての万葉の柿本人麻呂。

もう一人は「耽美的な和歌の極点にたつ歌人」としての新古今の藤原定家。

最後の一人は「人間的な和歌の極点にたつ歌人」としての良寛。

良寛の歌のかずかず

良寛は生涯で千四百首以上もの和歌を詠んでいます。いくつか掲げます。

むらぎもの　心楽しも　春の日に　鳥のむれつつ　遊ぶを見れば
飯乞ふと　わが来しかども　春の野に　菫摘みつつ　時を経にけり
山かげの　岩間を伝ふ　苔水の　かすかに我は　すみわたるかも

むらぎも…心の枕詞
飯乞ふ…托鉢

良寛の漢詩の理念と代表作

漢詩の中でも五言・七言の絶句・律詩は近体詩と呼ばれ、韻・平仄・対句などの厳格なルールがあります。良寛の漢詩には、ルールに沿った漢詩もありますが、平仄などのルールを無視したものも少なくありません。これは良寛は漢詩の中で「我が詩は是れ詩に非ず」と述べており、自らも認めています。表現の堅苦しいルールに縛られることなく、自分の真情や境涯を表現することを重視した現れであり、形式に適合するものの、中身の薄いいわゆる職業詩人の漢詩を嫌った所以でしょう。
良寛の漢詩が優れている理由は、形式にとらわれずに、自分の真情をそのまま詠っている点にあります。良寛は漢詩の中で、「心中の物を写さずんば　多しと雖も復た何をか為さん」とも述べていることから、形式よりも「詩は心の声なり」という古今一貫した漢詩の基本理念を重視しました。

良寛の漢詩の代表作があります。

生涯身を立つるに懶く　騰々天真に任す
嚢中三升の米　炉辺一束の薪
誰か問わん迷悟の跡　何ぞ知らん名利の塵
夜雨草庵の裡　双脚等閑に伸ばす

（訳）

私の生きざまは、住職になって親孝行しようなどという考えを好ましくないものと思っており、
ゆったりと、自分の心の中にある清らかな仏の心のおもむくままに任せて日々暮らしている。
壁に掛けた頭陀袋の中には米が三升、
囲炉裏端には薪が一束あり、これで十分だ
迷いだの悟りだのに誰がとらわれようか、
また、名誉や利益といったものにどうして関わろうか。
雨の降る夜は草庵の囲炉裏端で、
（日頃の托鉢で疲れた）両脚を無心にまっすぐに伸ばしている。

書の古典の学習と高い評価

良寛の書は、少年の頃には三峰館の師大森子陽の書から、名主見習役時代は役所に提出する文書に使う御家流（おいえりゅう）の書から、円通寺時代は師の国仙和尚の書から、それぞれ一定の影響を受けたものと考えられます。その後、五合庵時代から、良寛は本格的に書の古典の法帖（ほうじょう）から学ぶようになりました。

良寛が学んだ書の古典の法帖は次のものなどがあります。

草書は懐素（かいそ）の『自叙帖（じじょじょう）』

仮名は小野道風（おののとうふう）の『秋萩帖（あきはぎじょう）』

楷書は陶弘景（とうこうけい）の『瘞鶴銘（えいかくめい）』

良寛は書の古典をマスターして基礎がしっかりできたため美しい書を書くことができました。

良寛は、清貧の心、慈愛の心をそのまま詩歌に詠みました。そしてその詩歌を無心で書いて美しい書にしました。良寛の書は良寛の生前から評価され、多くの人が良寛から書を書いてもらおうとしました。そのことを示す逸話がたくさん伝わっています。現代では、良寛の脱俗の高い境地で書かれた書は神品（しんぴん）とも言われ、高く評価され、日本の書の最高峰ともいわれています。

エピソード　**空中習字**

良寛は毎朝、庵の外に出て、姿勢を正して、空中に千字文（せんじぶん）の文字を指で書いて練習しました。

参考文献

本書を執筆するにあたり、非常に多くの文献を参考・引用させていただいています。ここでは主要なもののみ掲げます。なお、一部のエピソードの文章については、新潟県長岡地域振興局発行、特定非営利活動法人 良寛の里活性化研究会企画・作成の『良寛いつわ』の文章を基本的に引用させていただいています。

冨澤信明　良寛に関する諸論文（リストはホームページ「良寛ワールド」に掲載）
渡辺秀英　『良寛出家考』　考古堂書店　昭和四十九年（一九七四）
吉野秀雄　『良寛　歌と生涯』　筑摩書房　昭和五十年（一九七五）
北川省一　『良寛　その大愚の生涯』　東京白川書院　昭和五十五年（一九八〇）
谷川敏朗　『良寛の生涯と逸話』　恒文社　昭和五十九年（一九八四）
岡本勝美　『良寛争香』　恒文社　昭和五十九年（一九八四）
長谷川洋三　『良寛禅師の悟境と風光』　大法輪閣　平成九年（一九九七）
高橋庄次　『良寛伝記考説』　春秋社　平成十年（一九九八）
谷川敏朗　『良寛の逸話』　恒文社　平成十年（一九九八）
蔭木英雄　『良寛詩全評釈』　春秋社　平成十四年（二〇〇二）
内山知也、谷川敏郎、松本市壽編『定本良寛全集』第一～三巻 中央公論新社 平成十八年（二〇〇六）
横山英　『校本　良寛歌集』　考古堂書店　平成十九年（二〇〇七）
本間明　『良寛はアスペルガー症候群の天才だった』　考古堂書店　平成二十四年（二〇一二）
本間明　『良寛は世界一美しい心を持つ菩薩だった』　考古堂書店　平成二十六年（二〇一四）
本間明　『良寛は権力に抵抗した民衆救済者だった』　考古堂書店　平成二十七年（二〇一五）
塩浦林也　『良寛の探究』　高志書院　平成二十七年（二〇一五）
竹村牧男　『良寛「法華讃」』　春秋社　令和元年（二〇一九）
本間明　『華厳の愛　貞心尼と良寛の真実』　良寛堂刊行会　令和三年（二〇二一）
阿部龍一　『評伝　良寛』　ミネルヴァ書房　令和五年（二〇二三）
小島正芳　『良寛の生涯と芸術』　考古堂書店　令和六年（二〇二四）

略年表

元号	西暦	年齢	ことがら
宝暦　八年	一七五八	一	良寛生まれる
明和　八年	一七七一	十四	再開した大森子陽の学塾・三峰館に再入塾
安永　三年	一七七四	十七	三峰館退塾、名主見習、結婚
安永　四年	一七七五	十八	妻と離別、生家橘屋を出奔、坐禅修行を始める
安永　八年	一七七九	二十二	光照寺で国仙和尚により得度、円通寺へ赴く
天明　五年	一七八五	二十八	紫雲寺観音院で夏安居、宗龍と相見
天明　八年	一七八八	三十一	紫雲寺観音院で宗龍と相見
寛政　二年	一七九〇	三十三	国仙から印可の偈を授かる
寛政　三年	一七九一	三十四	国仙示寂、円通寺を立ち去る
寛政　四年	一七九二	三十五	越後に帰国、関西行脚
寛政　五年	一七九三	三十六	国仙三回忌、四国で近藤万丈と会う
寛政　六年	一七九四	三十七	関東・東北行脚
寛政　七年	一七九五	三十八	関東・東北行脚から帰国、五合庵入庵、父橘以南入水自殺
寛政　八年	一七九六	三十九	以南一周忌
寛政　九年	一七九七	四十	国仙七回忌、以南三回忌、五合庵に本格的に定住
享和　三年	一八〇三	四十六	五合庵を出て二～三年間西生寺・照明寺密蔵院などで仮寓
文化　七年	一八一〇	五十三	由之に敗訴の判決
文化十三年	一八一六	五十九	乙子神社草庵へ移住
文政　九年	一八二六	六十九	木村家庵室に移住
文政十　年	一八二七	七十	貞心尼と逢う
文政十一年	一八二八	七十一	三条地震
文政十三年	一八三〇	七十三	夏に病臥、以後下痢
天保　二年	一八三一	七十四	正月六日遷化

著者略歴

本間　明　（ほんま　あきら）

昭和 **31** 年（**1956** 年）　新潟県白根市（現新潟市南区）に生まれる

昭和 **55** 年（**1980** 年）　早稲田大学政治経済学部卒業後、新潟県職員に採用される

平成 **26** 年（**2014** 年）　新潟県を早期退職

現　在　全国良寛会　理事、野積良寛研究所　所長
オープンガーデン「良寛百花園」園主
ホームページ「良寛ワールド」運営

著　書
『良寛はアスペルガー症候群の天才だった』
『良寛は世界一美しい心を持つ菩薩だった』
『良寛は権力に抵抗した民衆救済者だった』
『良寛　野の花の歌』
『華厳の愛　貞心尼と良寛の真実』
いずれも（株）考古堂書店より発行又は発売

研究所住所　〒 **940-2501**
新潟県長岡市 寺泊野積２０３－８

愛の人 良寛　生涯とエピソード

令和六年（二〇二四）四月一日発行

著者　本間　明

発行　野積良寛研究所
〒940-2501 新潟県長岡市寺泊野積
203 番地 8

発売　株式会社　考古堂書店
〒951-8063 新潟市中央区古町通四番町
電話　０２５・２２９・４０５８
（出版部直通）
FAX　０２５・２２４・８６５４

良寛関係ガイドブック等の廉価での頒布 （野積良寛研究所発行）

記号と名称	内容	規格	頒価
A 良寛 清貧と慈愛の心	良寛を学べる基本テキスト。良寛の生涯、生き方、慈愛の心、宗教・思想、芸術	B5 カラー 72 P	300 円
B 良寛さまと貞心尼	良寛と貞心尼の純真で清らかな心の交流を唱和の和歌を中心に紹介	B5 カラー 32 P	200 円
C 良寛 珠玉の言葉	騰騰天真に任す、優游、死ぬ時節には死ぬがよく候等、52の良寛の珠玉の言葉を紹介	B5 白黒 56 P	300 円
D 和歌でたどる良寛の生涯	良寛の折々の和歌をたどりながら、良寛の生涯を紹介	A4 カラー 72 P	300 円
E 声に出して読みたい良寛の歌	声に出して読みたくなる良寛の名歌265首を紹介、赤塚一氏の風景写真とのコラボ	B5 カラー 88 P	400 円
F 心に響く良寛の漢詩	心に響く良寛の漢詩40首をわかりやすい訳で紹介。赤塚一氏の風景写真とのコラボ	B5 カラー 88 P	400 円
G 良寛ゆかりの地ガイドブック（全国版）	出雲崎、円通寺等、良寛ゆかりの地の史跡、詩歌碑（碑面・通読・訳）を網羅して紹介	A4 カラー 76 P	400 円

頒布 直接申込方法 次の事項を記載して、お申し込み願います。

郵便番号、住所、氏名、電話番号、ガイドブックの記号、冊数、金額

申込方法はメール （ nozumi940ryoukan2501kenkyujo203@yahoo.co.jp ）
または 官製ハガキ （〒940-2501 新潟県長岡市寺泊野積 203-8 本間 明）

申し込み後に、ガイドブックと、頒価＋郵送料（レターパック等）を記入した青色の郵便振替用紙(払込取扱票)を郵送します。

届きましたら、頒価＋郵送料を 郵便局の窓口 またはＡＴＭで お支払い願います。恐れ入りますが、手数料はご負担願います。

※ 頒価のうち100円または50円が、全国良寛会 に寄付されます。

※ これらのガイドブックは、良寛記念館（出雲崎町）、燕市分水良寛史料館、良寛の里美術館（長岡市和島地域）でも頒布しています。